Alexander Schneider

Vollmachten im Unternehmen

Alexander Schneider

Vollmachten im Unternehmen

Handlungsvollmacht, Generalvollmacht und Prokura

GABLER

Bibliografische Information Der Deutschen Bibliothek
Die Deutsche Bibliothek verzeichnet diese Publikation in der Deutschen Nationalbibliografie; detaillierte bibliografische Daten sind im Internet über <http://dnb.ddb.de> abrufbar.

1. Auflage 2005

Lektorat: Jens Kreibaum

Der Gabler Verlag ist ein Unternehmen von Springer Science+Business Media.
www.gabler.de

Umschlaggestaltung: Nina Faber de.sign, Wiesbaden
Druck und buchbinderische Verarbeitung: Wilhelm & Adam, Heusenstamm
Gedruckt auf säurefreiem und chlorfrei gebleichtem Papier.

ISBN-13:978-3-8349-0049-4 e-ISBN-13:978-3-322-83481-2
DOI: 10.1007/978-3-322-83481-2

Inhaltsverzeichnis

Vorwort

Das vorliegende Buch behandelt zunächst rechtliche Grundlagen zur Stellvertretung wie sie im Allgemeinen Teil des BGB festgelegt sind. Auf diese Regeln bauen die spezielleren des Handels- und Gesellschaftsrechts auf. Schwerpunkt ist die rechtsgeschäftlich erteilte Vertretungsmacht – die Vollmacht. Die allgemeinen Ausführungen zur Vollmacht im BGB sind somit als Voraussetzung für das Verständnis der Vollmachtarten im HGB anzusehen.

Ich komme über die Darstellung der grundlegenden allgemeinen Vorschriften zum besonderen Teil. Innerhalb der Kapitel bleibe ich dieser Vorgehensweise treu, indem ich vorweg die Regelungsmöglichkeiten abstrakt vorstelle, bevor im Anschluss einige wichtige Arten der Vollmacht konkret behandelt werden. Die angeführten Vollmachtmuster vereinfachen die Umsetzung des abstrakten Stoffes in der Praxis.

Besondere Berücksichtigung kommt außerdem den verschiedenen Gesellschaftsformen zu. Hierbei werden auch die immer wichtiger werdenden Vorgaben und Entwicklungen des Rechts der Europäischen Union vorgestellt. Hierzu gehören insbesondere die Entscheidungen des Europäischen Gerichtshofes zur europarechtlichen Niederlassungsfreiheit im Rahmen der grenzüberschreitenden Mobilität von Gesellschaften. Damit wurde die Rechtsfähigkeit von Gesellschaften aus anderen Mitgliedsstaaten anerkannt, was insbesondere zur vermehrten Gründung der englischen „Limited" führt. Eine kurze Einführung über die wesentlichen Grundzüge soll dem interessierten Leser einen ersten Überblick verschaffen. Darüber hinaus stelle ich nicht nur vor, wie Rechtsgeschäfte mit Hilfe der Stellvertretung zustande kommen können, sondern auch in welchen Lebens- und Geschäftsbereichen Stellvertretung möglich bzw. notwendig ist.

Gerade in unserer schnelllebigen Geschäftswelt ist die Stellvertretung unverzichtbar, um flexibel Rechtsgeschäfte abschließen zu können. Es besteht das Bedürfnis, andere für sich selbst im Rechtsverkehr tätig werden zu lassen. Man denke exemplarisch an den Inhaber eines Handelsunternehmens, dem es nicht möglich ist, die notwendigen Rechtsgeschäfte mit jedem Kunden oder Geschäftspartner persönlich abzuschließen. Die Einbeziehung eines Dritten macht die persönliche unmittelbare Mitwirkung einer natürlichen Person entbehrlich. Hierdurch wird der Wirkungskreis des Vertretenen um ein beträchtliches Maß erhöht. Im Hinblick auf ein zwei- oder mehrseitiges Rechtsgeschäft, zum Beispiel Verträge, können sich dabei auch mehrere beteiligte Parteien der Stellvertretung bedienen. Dies bedeutet, dass einer natürlichen Person quantitativ mehr Rechtsgeschäfte zugerechnet werden können als sie selbst persönlich abschließen könnte und dass es ihr möglich ist, an mehreren Orten gleichzeitig tätig zu werden. Es lassen sich auch Vorkehrungen für Situationen treffen, in denen man gesundheitlich oder aus sonstigen Gründen nicht mehr in der Lage ist, seinen Willen selbst auszudrücken. Auch diese werden ausführlich behandelt.

Besondere Bedeutung kommt der Stellvertretung bei juristischen Personen zu. Da diese nach der Natur der Sache nicht selbst handeln können, ist die Durchführung der Stellvertretung dort wesensnotwendig. Die Praxisrelevanz kann folglich nicht groß genug eingeschätzt werden.

Das Buch enthält zur weiteren Vertiefung wertvolle Literaturhinweise. Schrifttum und Rechtsprechung konnten bis Juli 2005 berücksichtigt werden.

Mein besonderer Dank gilt Herrn Thomas Lienert für seine Formatierungshilfen. Meiner Frau danke ich für ihr Verständnis und die moralische Unterstützung bei der Arbeit.

Alexander Schneider

A. Allgemeine Ausführungen zur Vollmacht im BGB

Unter Vertretungsmacht ist im Rechtsverkehr die Befugnis zu verstehen, für einen anderen, den Vertretenen, rechtsgeschäftliche Erklärungen abzugeben. Die Vertretungsmacht kann sich unmittelbar aus dem Gesetz ergeben, z. B. bei der organschaftlichen Vertretungsmacht des GmbH-Geschäftführers oder des Vorstandes einer Aktiengesellschaft. Die Vertretungsmacht kann jedoch auch durch ein Rechtsgeschäft zwischen dem Vertreter und dem Geschäftsherrn begründet werden und dann spricht man von Vollmacht, § 166 Abs. 2 S. 1 BGB.

1. Die Stellvertretung

Grundsätzlich ist eine Stellvertretung bei allen Willenserklärungen nach den Vorschriften der § § 164 ff BGB zulässig. Eine Ausnahme bilden die sog. höchstpersönlichen Rechtsgeschäfte, bei denen die Willenserklärung nur jeder für sich selbst abgeben kann. Eine Stellvertretung ist dann nicht möglich. Z. B. kann nur der Erblasser selbst ein Testament errichten, vg. § 2064 BGB.

Der Stellvertreter gibt eine eigene Willenserklärung in fremden Namen mit Vertretungsmacht ab. Sie wirkt unmittelbar für und gegen den Vertretenen. Der Vertreter nimmt ein fremdes Rechtsgeschäft vor, wobei nicht er, sondern der Vertretene verpflichtet wird. Damit schadet es auch nicht, wenn der Vertreter in seiner Geschäftsfähigkeit beschränkt ist, § 165 BGB. Folglich kann ein Minderjähriger als Vertreter bestellt werden. Vom Stellvertreter ist der Bote zu unterscheiden, der lediglich eine Erklärung des Geschäftsherrn übermittelt und keine eigene Erklärung in fremden Namen abgibt.

1.1 Handeln in fremdem Namen

Der Stellvertreter muss erkennbar im Namen des Vertretenen handeln. Es macht keinen Unterschied, ob der Stellvertreter ausdrücklich im Namen des Vertretenen handelt, oder ob sich der Wille, in fremdem Namen zu handeln, aus den Umständen ergibt, § 164 Abs. 1 S.2 BGB.

Hinweis:
Bei so genannten unternehmensbezogenen Geschäften ist zu vermuten, dass der Betriebsinhaber Vertragspartner werden soll.

Anders ist es, wenn der Vertreter so aufgetreten ist, als betreibe er das Unternehmen selbst in unbeschränkter persönlicher Haftung, obwohl die Unternehmensträgerin tatsächlich eine GmbH ist, dann haftet der Vertreter wegen des hervorgerufenen Rechtscheins. Falls er nicht zu erkennen gibt, dass er für einen anderen handeln will, so wird er selbst aufgrund seiner Erklärung selbst verpflichtet.

1.2 Vertretungsmacht

Eine weitere Voraussetzung für eine wirksame Stellvertretung ist, dass der Vertreter mit Vertretungsmacht handelt, d. h. ihm muss wirksam Vollmacht erteilt worden sein. Ansonsten handelt der Vertreter ohne Vertretungsmacht, so dass der Vertrag „schwebend unwirksam" ist, § § 177 ff BGB. Der Vertretene muss den Vertrag genehmigen, damit dieser wirksam wird.

Wird eine ausdrückliche Genehmigung erteilt, spielt es keine Rolle, ob der Genehmigende sich dabei der Genehmigungsbedürftigkeit des Geschäfts bewusst war oder zumindest damit rechnete. Die Genehmigung bedarf keiner Form § 182 Abs. 2 BGB.

Hinweis:
Der Abschluss eines Grundstückkaufvertrages, der für seine Wirksamkeit der notariellen Beurkundung bedarf, § 313 Abs. 1 BGB, kann formfrei genehmigt werden.

Grundsätzlich kann auch durch schlüssiges Verhalten ein Vertrag genehmigt werden. Erforderlich ist jedoch, dass der Vertretene die mögliche Deutung seines Verhaltens als Genehmigung bei pflichtgemäßer Sorgfalt hätte erkennen können. Des Weiteren muss er sich der Genehmigungsbedürftigkeit bewusst sein oder zumindest damit rechnen.

Bloßes Nichtstun oder Schweigen des Vertretenen kann grundsätzlich nicht als Genehmigung gewertet werden, außer wenn der Vertretene nach Treu und Glauben verpflichtet gewesen wäre, seinen abweichenden Willen zu äußern.

Hinweis:
Die gilt beim kaufmännischen Bestätigungsschreiben

Der Geschäftsgegner hat bis zur Genehmigung ein Widerrufsrecht, außer er kannte den Mangel der Vertretungsmacht bei Vertragsschluss, § 178 BGB. Verweigert der Vertretene die Genehmigung, kommt kein wirksamer Vertrag zustande. Es kommt dann die Haftung des Vertreters ohne Vertretungsmacht in Betracht, § 179 BGB. Der Vertreter ohne Vertretungsmacht haftet dem Geschäftsgegner nach dessen Wahl auf Erfüllung oder Schadensersatz. Falls der Vertreter selbst nicht wusste, dass er ohne Vertretungsmacht handelt, muss er dem Geschäftsgegner lediglich den Vertrauensschaden ersetzen, d. h. den Schaden, den dieser dadurch erleidet, dass er auf die Vertretungsmacht vertraut hat, § 179 Abs. 2 BGB.

Eine Haftung des Vertreters ohne Vertretungsmacht ist ausgeschlossen, wenn der Geschäftsgegner den Mangel der Vertretungsmacht kannte oder wenn ein beschränkt geschäftsfähiger Vertreter ohne Zustimmung seines gesetzlichen Vertreters gehandelt hatte, § 179 Abs. 3 BGB.

1.3 Einseitige Rechtsgeschäfte

Bei einseitigen Rechtsgeschäften (§ 180 BGB) ist entscheidend, ob eine Erklärung gegenüber einer Person abgegeben werden muss („empfangsbedürftige Willenserklärung“) oder nicht. Wenn der Empfänger, dem gegenüber die Erklärung durch einen vollmachtlosen Vertreter abgegeben wurde oder der vollmachtlose Vertreter, dem gegenüber eine Erklärung abgegeben, in Kenntnis der Umstände mit der Entgegennahme der Erklärung einverstanden war, § 180 S. 2, 3 BGB, finden die Vorschriften über Verträge Anwendung.

Bei fehlendem Einverständnis oder einer nicht empfangsbedürftigen Willenserklärung ist das Rechtsgeschäft nicht genehmigungsfähig und nichtig.

Insichgeschäfte gemäß § 181 BGB

Bei Insichgeschäften sind zwei Fallkonstellation zu unterscheiden. § 181 1.Alt. BGB regelt das Verbot des Selbstkontrahierens, d. h. der Handelnde ist auf der einen Seite als

Vertreter und auf der anderen Seite selbst tätig. § 181 2.Alt. BGB impliziert das Verbot der Mehrfachvertretung, d. h. der Vertreter ist auf beiden Seiten des Geschäfts als Vertreter tätig.

Beim Insichgeschäft gemäß § 181 BGB überschreitet der Vertreter ebenfalls seine Vertretungsmacht, mit der Folge, dass der Vertrag schwebend unwirksam ist und durch den Vertretenen genehmigt werden kann.

Beispiel:
Der Vertreter wird auf der einen Seite als Verkäufer im eigenen Namen und auf der anderen Seite als Käufer im Namen des Vertretenen tätig.

Hinweis:
Diese Vorschrift gilt auch für einseitige empfangsbedürftige Rechtsgeschäfte (Kündigung, Rücktritt, Bevollmächtigung) sowie für geschäftsähnliche Handlungen (Mahnungen, Fristsetzungen, Ablehnungsandrohungen).

Die Wirksamkeit eines Insichgeschäfts ist von Anfang an gegeben, wenn es dem Vertreter gestattet ist oder das Geschäft ausschließlich in der Erfüllung einer Verbindlichkeit besteht.

2. Erteilung der Vollmacht

2.1 Willenserklärung

Die Vollmacht wird durch eine empfangsbedürftige Willenserklärung (so genannte Bevollmächtigung) begründet. Entweder erfolgt sie gegenüber dem Vertreter oder gegen über dem Geschäftsgegner durch eine entsprechende Erklärung, § 167 Abs. 1 BGB. Maßgebend für die Differenzierung zwischen „Innenvollmacht" bzw. „interne Vollmacht" oder „Außenvollmacht" bzw. „externe Vollmacht" ist die Art ihrer Erteilung. Eine Vollmacht kann auch durch öffentliche Bekanntmachung erteilt werden.

2.2 Vollmachtklauseln in AGBs

In den Allgemeinen Geschäftsbedingungen kommen häufig Vollmachtklauseln vor, z. B. der Vertragspartner erteilt dem Verwender oder einem Dritten Vollmacht. Ob die Klausel wirksam vereinbart worden, richtet sich nach den Regeln des AGBG. Die Vollmachtklausel ist dann gemäß § 307 BGB unwirksam, wenn sie eine nach Treu und Glauben unangemessene Benachteiligung darstellt. Dies ist dann der Fall, wenn die Vollmacht verpflichtende oder sonst belastende Geschäfte erlaubt, ohne dass dafür ein überwiegendes Bedürfnis gegeben ist.

2.3 Grundsatz der Formfreiheit einer Vollmacht

Grundsätzlich ist die Bevollmächtigung formfrei, selbst wenn das Rechtsgeschäft, das der Vertreter vornehmen soll, einer bestimmten Form bedarf, § 167 Abs. 2 BGB. Wenn Spezialvorschriften nicht explizit eine bestimmte Form vorschreiben, kann die Bevollmächtigung auch mündlich erfolgen.

Beispiel:
Der Gesellschaftsvertrag einer GmbH bedarf der notariellen Form, § 2 Abs. 2 GmbHG.

Hinweis:
Die Bevollmächtigung unterliegt dann einem Formerfordernis, wenn der Vertretene durch die Erteilung der Vollmacht bereits in gleicher Weise gebunden wird wie durch die Vornahme des formbedürftigen Geschäfts selbst. Deshalb bedürfen unwiderrufliche Vollmachten für den Grundstücksverkauf oder -erwerb der notariellen Beurkundung, § 313 BGB.

Da die Bevollmächtigung grundsätzlich formfrei ist, kann auch die Vollmacht stillschweigend erteilt werden.

Hinweis:
Von einer stillschweigenden Vollmacht ist dann auszugehen, wenn der **Geschäftsherr** es insgeheim billigt, dass ein Angestellter als Bevollmächtigter auftritt.

2.4 Duldungs- und Anscheinsvollmacht

Von einer stillschweigenden Erteilung der Vollmacht ist die Duldungs- und Anscheinsvollmacht zu unterscheiden.

2.4.1 Duldungsvollmacht

Eine Duldungsvollmacht ist dann anzunehmen, wenn der Geschäftsherr das Auftreten eines Angestellten als Bevollmächtigten wissentlich duldet. Dann muss er sich dass Handeln des Angestellten selbst zurechnen lassen. Der Bundesgerichtshof begründet die Zurechnung des Vertreterhandelns als „Haftung aus wissentlich veranlasstem Rechtschein“ (BGH NJW 1997, 312, 314). Eine Ausnahme wird nur dann zugelassen, wenn der Geschäftsgegner wusste oder hätte wissen müssen, dass der duldende Geschäftsherr gar keine Vollmacht erteilen wollte. In diesem Fall ist der Geschäftsgegner nicht schützenswert.

Fall:
Der Verkäufer V, der im Sportgeschäft des Geschäftsherrn G ausschließlich für die Beratung der Kunden zuständig ist, gewöhnte sich an, Kleidungsstücke für das Sportgeschäft beim Bekleidungshersteller B zu bestellen, obwohl ihm von G keine Vollmacht erteilt war. G hatte dies nie beanstandet. Erst als V einen größeren Posten Wanderjacken bestellt hatte, griff G ein und erklärte gegenüber B, er lasse die Bestellung nicht gelten, da V dazu nicht berechtigt gewesen sei. B besteht auf Zahlung und Abnahme der Wanderjacken. Zu Recht ?

B könnte gegen G einen Zahlungsanspruch gemäß § 433 Abs. 2 BGB haben. Dies setzt jedoch voraus, dass ein wirksamer Kaufvertrag zustande gekommen ist, und da V als Vertreter des G gehandelt hat, somit die Vertretungsmacht des V. Eine ausdrückliche Bevollmächtigung (§ 167 Abs. 1 BGB) des V durch G ist abzulehnen, denn G hat keine dementsprechende Willenserklärung gegenüber G abgegeben. In Betracht kommt jedoch eine Rechtscheinvollmacht (§ § 170-173 BGB) im Sinne einer Duldungsvollmacht. G ließ es bisher ohne Einwände zu, dass V Bestellungen vornahm, so dass er damit die Setzung des Rechtscheins diesbezüglich bejahen ist. Außenstehende konnten davon ausgehen, dass G V Vollmacht erteilt hatte. Damit ist V wirksam vertreten worden und B hat folglich Recht.

2.4.2 Anscheinsvollmacht

Bei der Anscheinsvollmacht wird dem Geschäftsherrn das Handeln eines nur scheinbar Bevollmächtigten zugerechnet, auch wenn er es nicht kennt, aber bei pflichtgemäßer Sorgfalt hätte erkennen und verhindern können. Des Weiteren durfte der Geschäftsgegner annehmen, der Vertretene dulde und billige das Handeln des scheinbaren Vertreters.

Beispiel:
Ein Angestellter tritt über mehrere Jahre als Bevollmächtigter auf und erteilt eine Prozessvollmacht, obwohl er für diese Art von Vollmacht keine Erteilungsbefugnis hat.

Der Bundesgerichtshof stellt eine solche Rechtscheinvollmacht in ihren Wirkungen der rechtgeschäftlich erteilten Vollmacht gleich (BGHZ 86, 273, 275), d. h. er unterscheidet in diesem Fall nicht.

Fall:
B war bei A in dessen Schreibenwarenhandel „Stifte GmbH“ als Einkäufer von Stiften angestellt. B verließ nach einer gewissen Zeit den Betrieb, wobei A es versäumte, den Großhändler G über das Ausscheiden des B aus dem Betrieb zu informieren. B verfügte noch über die Mappe mit den Bestellformularen. Kurz danach bestellte B Waren bei G. A hatte davon keine Kenntnis. Nachdem die Rechnung nicht bezahlte wurde, wandte sich G an A und verlangt von dem nun Zahlung der ausstehenden Rechung.

Zu Recht ?

G könnte gegen A einen Zahlungsanspruch aus § 433 Abs. 2 BGB haben. Nach dem Verlassen des Betriebes ist B nicht länger bevollmächtigt, in Stellvertretung des A bei G Stifte zu bestellen. Eine Duldungsvollmacht kommt nicht in Betracht, da A keinerlei Kenntnis von dem Handeln des B hat. Es könnte jedoch eine Anscheinsvollmacht gegeben sein. A hätte erkennen können, dass es B noch möglich war, Waren bei G zu bestellen, da er noch über die Mappe mit den Bestellscheinen verfügte. A hätte wissen müssen, dass G den B als berechtigten Vertreter ansieht, solange er keine Kenntnis vom Ausscheiden des B hat. Die Vertretungsmacht des B ist nach den Rechtscheingrundsätzen zu bejahen. Damit kann G von A Zahlung der noch ausstehenden Rechnung verlangen.

2.5 Formen der Kundgabe einer Vollmacht

Für die Kundgabe einer Vollmacht gibt es mehrere Formen.

Das Gesetz regelt in § 171 BGB die besondere Mitteilung an einen Dritten (z. B. Rundbrief gegenüber einem bestimmten Personenkreis) und die öffentliche Bekanntmachung (z. B. Bekanntmachung durch Veröffentlichung der Handelsregistereintragung). Des Weiteren erfasst § 172 BGB den Fall, dass der Vollmachtgeber dem Vertreter eine Vollmachturkunde aushändigt und dieser sie dem Dritten vorlegt, z. B. Bankvollmacht oder Vollmacht für Grundstücksgeschäfte.

Hinweis:
Im letzten Fall ist erforderlich, dass die Vollmacht dem Dritten so vor Augen geführt wird, dass er durch eigene Wahrnehmung von ihrem Inhalt Kenntnis nehmen kann, wobei er sie nicht lesen muss.

Die Kundgabe hat die Funktion über eine bereits erteilte Vollmacht zu unterrichten. Falls die Vollmacht jedoch nicht wirksam erteilt wurde, begründen § § 171, 172 BGB jedoch gegenüber dem Adressaten der Vollmacht die Vertretungsmacht des vermeintlichen Bevollmächtigten. Durch den Kundgabeakt wird in zurechenbarer Weise der Rechtschein hervorgerufen. Dies ist jedoch dann nicht der Fall, wenn der Geschäftsgegner hinsichtlich auf des Vorhandenseins der Vertretungsmacht nicht in gutem Glauben war, d. h. wenn er wusste oder wissen musste, dass die kundgegebene Vollmacht nicht bzw. nicht wirksam erteilt worden war oder mittlerweile erloschen ist, § 173 BGB.

2.6 Form der Kundgabe beim einseitigen Rechtsgeschäft

Beim einseitigen Rechtsgeschäft (§ 174 BGB) ist erforderlich, dass die Vollmachturkunde dem Geschäftsgegner vorgelegt wird, ansonsten ist das Rechtsgeschäft unwirksam, es sei denn, er hat Kenntnis von der Vollmacht. Einseitige Rechtsgeschäfte können nur von einem Vertreter mit Vertretungsmacht vorgenommen werden, § 180 BGB.

Hinweis:
Die rechtliche Konsequenz ist, dass z. B. eine Kündigung hiernach praktisch nicht ausgesprochen ist.

Es ist immer erforderlich, dass die Urschrift oder eine Ausfertigung der Vollmachturkunde vorgelegt wird, § 47 BeurkG. Eine beglaubigte Abschrift, Faxkopie und eine Fotokopie ist nicht ausreichend, da keine Echtheitsprüfung möglich ist und deshalb keine Gewissheit über das Bestehen der Vollmacht erzielt werden kann. Wenn die Vollmachturkunde nicht die erforderliche Eindeutigkeit aufweist, dass der Vertreter gerade für dieses eine Geschäft bevollmächtigt ist, steht dem Geschäftsgegner ein Zurückweisungsrecht zu.

Beispiel:
Rechtsanwalt R legt seine vorgedruckte außergerichtliche Vollmacht vor und spricht im Auftrag des Arbeitgebers A gegenüber dem Mitarbeiter M die Kündigung aus.

Das Bundesarbeitsgericht sah die durch R ausgesprochene Kündigung als unwirksam an, da die Vollmacht sich nicht auf die Vornahme der Kündigung eines Mitarbeiters M erstreckte und von diesem auch zurückgewiesen wurde. Andererseits ist zu beachten, dass das konkrete Rechtsgeschäft in der Vollmachturkunde nicht explizit erwähnt sein muss.

2.7 Vollmacht und Grundverhältnis

Die Vollmacht ist streng vom Grundverhältnis zu trennen.

Hinweis:
Unter dem Grundverhältnis ist z. B. ein Dienstvertrag oder Auftrag zu verstehen.

Grundsätzlich hängt die Wirksamkeit der Vollmacht nicht vom Entstehen und Fortbestehen des Grundverhältnisses ab. Es gibt jedoch Ausnahmen, so dass sich die Unwirksamkeit des Grundverhältnisses auf die Vollmacht erstreckt, z. B. bei Fehleridentität oder wenn Grundgeschäft und Vollmacht ein einheitliches Geschäft im Sinne des § 139 BGB bilden.

Das Erlöschen der Vollmacht richtet sich nach dem Grundverhältnis, § 168 BGB.

Hinweis:
Ganz wichtig ist, bei der Vollmacht zwischen dem Innen- und Außenverhältnis zu differenzieren. Im Innenverhältnis können dem Bevollmächtigten bestimmte Rechte und Pflichten auferlegt werden, von der Vollmacht in beschränktem Maß Gebrauch zu machen. Jedoch haben diese Einschränkungen keine Auswirkungen auf die Wirksamkeit der Vertretung im Außenverhältnis.

2.8 Umfang der Vollmacht

Da der Umfang der Vollmacht nicht im BGB geregelt ist, kommt es auf den Wortlaut der Bevollmächtigung, deren Zweck und auf das zugrunde liegende Rechtsverhältnis an.

Hinweis:
In der Praxis ist es deshalb sehr wichtig, den Umfang der Bevollmächtigung so exakt wie möglich zu ermitteln, damit geklärt werden kann, ob sich die Vollmacht auf das Handeln des Vertreters erstreckt oder nicht.

Beispiel:
Eine Vollmacht, die dem Vertreter V zum Einkauf von Waren berechtigt, umfasst nicht auch den Verkauf von Waren.

Hinweis:
Wenn eine Vollmachterklärung ausgelegt werden muss, ist darauf abzustellen, wie der Erklärungsempfänger das Verhalten des Vollmachtgebers verstehen durfte. Bei einer Innenvollmacht ist bei der Bestimmung des Erklärungsempfängers auf den Bevollmächtigten und bei einer Außenvollmacht auf den Dritten abzustellen.

2.9 Erlöschen der Vollmacht

Die erteilte Vollmacht kann aus verschiedenen Gründen erlöschen – wie im Folgenden dargestellt:

2.9.1 durch Widerruf

Die Vollmacht ist grundsätzlich vom Grundverhältnis unabhängig widerruflich, es sei denn, aus dem Grundverhältnis ergibt sich etwas anderes, § 168 Satz 2 und 3 BGB. Ausnahmsweise kann der Widerruf ausgeschlossen sein, so z. B. wenn die Vollmacht nicht nur im Interesse des Vollmachtgebers, sondern auch im Interesse des Bevollmächtigten erteilt worden ist. Nachfolgendes Beispiel möge dies erläutern:

A schuldet B 10.000,– EUR und erteilt deshalb eine Vollmacht zur Einziehung von Forderungen, um so seine Schuld zu tilgen.

Der BGH geht davon aus, dass die Unwiderruflichkeit der Vollmacht vereinbart werden kann, wenn ein mindestens gleichwertiges Interesse des Bevollmächtigten an der Vollmacht vorliegt (BGH NJW-RR 1991, 439, 441). Eine unwiderrufliche Vollmacht kann jedoch aus wichtigem Grund widerrufen werden (BGH NJW 1988, 2602, 2603). Eine isolierte Vollmacht ist immer widerruflich (BGH NJW 1988, 2602, 2603).

Der Widerruf der Vollmacht kann sowohl explizit als auch schlüssig erfolgen. Der Vollmachtgeber teilt den Widerruf gegenüber dem Bevollmächtigten, dem Dritten oder durch öffentliche Bekanntmachung mit. Wenn der Vollmachtgeber vom Bevollmächtigten die Vollmachturkunde zurückverlangt, ist ein Widerruf der Vollmacht durch schlüssiges Verhalten des Vollmachtgebers zu bejahen.

Hinweis:
Falls die Vollmacht durch Erklärung gegenüber dem Dritten erteilt worden ist, aber lediglich gegenüber dem Bevollmächtigten intern widerrufen wurde, so bleibt die Vollmacht bis zu dem Zeitpunkt wirksam, bis der Vollmachtgeber dem Dritten gegenüber das Erlöschen der Vollmacht angezeigt hat, § 170 BGB. Außer der Dritte wusste oder hätte wissen müssen bei Vornahme des Rechtsgeschäfts, dass die Vollmacht gemäß § 173 BGB erloschen war.

Das Gleiche gilt für den Fall, dass die Erteilung der Vollmacht durch öffentliche Bekanntgabe erfolgte, § 171 Abs. 2 BGB. Wenn der Widerruf der Vollmacht in gleicher Weise wie ihre Erteilung erfolgte, dann besteht keine Rechtscheingrundlage mehr, auf die sich ein Dritter berufen könnte, der in Unkenntnis des Widerrufs mit dem Vertreter ohne Vertretungsmacht einen Vertag abschloss.

2.9.2 aufgrund einer Bestimmung in der Vollmacht

Die Vollmacht kann durch Zeitablauf erlöschen, wenn sie befristet ist. Des Weiteren besteht auch die Möglichkeit, dass sie dann erlischt, wenn die Geschäfte, zu deren Vornahme sie erteilt wurde, abgeschlossen oder in anderer Weise erledigt sind. Das ist der Fall der so genannten Zweckerreichung.

2.9.3 durch Erlöschen des Grundverhältnisses, § 168 BGB

Wenn der Bevollmächtigung ein Grundverhältnis zugrunde liegt, erlischt die Vollmacht mit der Beendigung des Grundverhältnisses, § 168 Satz 1 BGB.

Beispiel:
Liegt einer erteilten Vollmacht ein Dienstvertrag zugrunde, dann erlischt sie, wenn das Dienstverhältnis beendet wurde.

Hinweis:
Für den Fall, dass das Fortbestehen des Grundverhältnisses nach § § 674, 729 BGB fingiert wird, dann gilt gleichermaßen die Vollmacht als fortbestehend, sofern der Dritte bei der Vornahme des Rechtsgeschäfts mit dem Vertreter den Erlöschensgrund nicht kannte oder kennen musste, § 169 BGB.

2.9.4 durch Tod

Die Vollmacht erlischt regelmäßig mit dem Tod des Bevollmächtigten bzw. mit dessen dauernden Geschäftsunfähigkeit, § § 673, 675 BGB.

Hinweis:
Der Tod des Vollmachtgebers führt prinzipiell nicht zum Erlöschen des Grundverhältnisses. Folglich erlischt auch die Vollmacht nicht, § 168 S. 1 BGB.

Ausnahme:
Wenn die Vollmacht speziell auf die Person des Vollmachtgebers zugeschnittene Rechtsgeschäfte erfassen soll. Ebenfalls ist bei der isolierten Vollmacht ein Erlöschen der Vollmacht anzunehmen.

Eine andere Möglichkeit stellt die so genannte postmortale Vollmacht dar. Ihre Besonderheit liegt darin, dass die Vollmacht über den Tod hinaus bzw. im Fall des Todes des Vollmachtgebers gelten soll.

Hinweis:
Eine postmortale Vollmacht ist in der Praxis z. B. dann vorteilhaft, wenn der Bevollmächtigte zugleich Erbe ist, dann kann er über das betreffende Konto verfügen, ohne die Erteilung des Erbscheins abwarten zu müssen.

2.9.5 Eröffnung des Insolvenzverfahrens

Durch die Eröffnung des Insolvenzverfahrens erlischt eine vom Schuldner erteilte Vollmacht, die sich auf das zur Insolvenzmasse gehörende Vermögen bezieht, § 117 Abs. 1 InsO. Die Vorschrift hat zwingenden Charakter. Folglich erlöschen auch unwiderruflich erteilte Vollmachten.

Falls die Vollmacht zur Durchführung eines Auftrages oder einer entgeltlichen Geschäftsbesorgung erteilt wurde, ergibt sich das Erlöschen der Vollmacht bereits aus § 168 S. 1 BGB i.V.m. § § 115 Abs. 1, 116 InsO. In diesem Fall hat § 117 InsO lediglich klarstellende Bedeutung. Bei einer Notgeschäftsführung gemäß § 115 Abs. 2 InsO gilt die Vollmacht als fortbestehend.

2.9.6 Fortbestehen der Vertretungsmacht

Falls die Vollmacht durch öffentliche Bekanntmachung kundgetan worden ist, besteht die Vertretungsmacht so lange fort, bis der Widerruf der Vollmacht in gleicher Form erfolgt ist, § 171 Abs. 1 u. 2 BGB. Hintergrund für diese Regelung ist, dass der mit dem Kundgabeakt in zurechenbarer Weise geschaffene Rechtschein, den der Vollmachtgeber grundsätzlich durch den umgekehrten Akt wieder zerstören muss. Der Schutz des Dritten wird abgelehnt, wenn er das Erlöschen der Vertretungsmacht kannte oder kennen musste, § 173 BGB.

Gleiches gilt, wenn eine Vollmachturkunde durch den Vertreter einem Dritten vorgelegt wurde. Nach § 172 Abs. 2 BGB bleibt die Vertretungsmacht so lange bestehen, bis die Vollmachturkunde dem Vollmachtgeber zurückgegeben oder kraftlos erklärt wird.

Die Kraftloserklärung durch öffentliche Bekanntmachung ist als eine rechtsgestaltende Erklärung des Vollmachtgebers zu qualifizieren. § 176 Abs. 1 BGB regelt, dass diese Erklärung nach die Vorschriften über die öffentliche Zustellung von Ladungen gemäß § § 204, 205 ZPO (Zivilprozessordnung) erfolgt. Der Vollmachtgeber muss beim zuständigen Amtsgericht die Bewilligung der Veröffentlichung zu beantragen, § 176 Abs. 2 BGB. Das Amtsgericht prüft nicht materiell, ob die Voraussetzungen für eine Kraftloserklärung gegeben sind. Die Kraftloserklärung wird mit Ablauf eines Monats nach der letzten Einrückung im Veröffentlichungsblatt wirksam, § 176 Abs. 1 S. 2 BGB.

3. Verschiedene Arten von Vollmachten

Es gibt verschiedene Arten von Vollmachten. Der Umfang der erteilten Vollmacht bestimmt, ob eine Spezialvollmacht, Gattungsvollmacht oder Generalvollmacht vorliegt.

Maßgeblich ist grundsätzlich der Wille der Beteiligten, wobei das Gesetz in einigen Fällen den Umfang der Vollmacht bestimmt, unabhängig davon, was zwischen den Beteiligten vereinbart worden ist.

3.1 Spezialvollmacht

Die Spezialvollmacht ist dadurch gekennzeichnet, dass sie sich lediglich auf ein einzelnes genau bestimmtes Rechtsgeschäft erstreckt.

Beispiel:
A bevollmächtigt B bei der Auktion das Gemälde mit dem Titel „Seerosen" von Claude Monet zu ersteigern.

3.2 Gattungsvollmacht

Die Gattungsvollmacht berechtigt zur Tätigung einer bestimmten Gattung von Rechtsgeschäften.

Beispiel:
Der Galerist G ist bevollmächtigt die Bilder des Künstlers K zu verkaufen.

3.3 Generalvollmacht

Die Generalvollmacht umfasst alle Rechtsgeschäfte, bei denen eine Vertretung zulässig ist.

Beispiel:
A bevollmächtigt B, ihn in allen gesetzlich zulässigen Fällen gerichtlich und außergerichtlich zu vertreten.

3.4 Einzel- und Gesamtvollmacht

Für die Einzelvollmacht kennzeichnend ist, dass der Bevollmächtigte allein (als Einzelperson) zur Vertretung berechtigt ist.

Beispiel:
A bevollmächtigt B, Kaufverträge hinsichtlich der für seine Textilfabrik benötigten Stoffe abzuschließen.

Im Gegensatz dazu sind bei Erteilung einer Gesamtvollmacht zwei oder mehr Personen nur gemeinschaftlich zur Vertretung berechtigt.

Beispiel:
A bevollmächtigt B und C gemeinsam Kaufverträge hinsichtlich der für seine Textilfabrik benötigten Stoffe abzuschließen.

Bei einer Gesamtvollmacht ist ein gleichzeitiges Handeln der Bevollmächtigten nicht erforderlich. Denn es ist ausreichend, wenn zunächst einer der Bevollmächtigten die Erklärung – sofern nötig formgemäß – abgibt und der andere Bevollmächtigte bzw. die anderen Bevollmächtigten nachträglich, auch intern, zustimmen. Möglich ist auch, dass die Gesamtbevollmächtigten einen von ihnen vorab zur Vornahme bestimmter Geschäfte ermächtigen. Die Gesamtvertretungsmacht wird dadurch in diesem Fall zu einer Einzelvertretungsmacht erweitert. Eine generelle Ermächtigung ist jedoch nicht möglich, da sie den Zweck der Gesamtvertretung vereiteln würde.

Hinweis:
Zur Entgegennahme einer Willenserklärung ist ansonsten jeder Gesamtbevollmächtigte berechtigt. Dies bezeichnet man als passive Vertretungsmacht.

3.5 Haupt- und Untervollmacht

Eine Vollmachterteilung kann auch die Befugnis des Bevollmächtigten enthalten, einen Unterbevollmächtigten zu bestellen. Dazu gibt es zwei Möglichkeiten:

Der Bevollmächtigte räumt im Namen des Vollmachtgebers (Geschäftsherrn) dem Unterbevollmächtigten direkt die Vertretung des Geschäftsherrn ein. Die rechtliche Konsequenz ist, dass der Geschäftsherr unmittelbar berechtigt und verpflichtet wird. Eine andere Möglichkeit ist, dass der Bevollmächtigte den Unterbevollmächtigten in eigenem Namen Vertretungsbefugnis einräumt. Die Folge ist, dass der Geschäftsherr nur mittelbar über seinen Bevollmächtigten – berechtigt und verpflichtet wird.

Diese beiden Möglichkeiten haben faktisch die gleiche Wirkung.

Hinweis:
Falls die Erteilung von Untervollmachten nicht explizit geregelt ist, muss mittels Auslegung ermittelt werden, ob die Hauptvollmacht sich auch auf die Erteilung von Untervollmachten bezieht.

Hinweis:
Sofern eine der beiden Vollmachten nicht besteht, wird der Geschäftsherr nicht gebunden.

Wenn ein besonderes Vertrauensverhältnis besteht, aus dem sich ein schutzwürdiges Interesse des Vollmachtgebers an der persönlichen Wahrnehmung der Vertretungsmacht durch den Bevollmächtigten ergibt, ist im Zweifel die Befugnis zur Erteilung der Untervollmacht zu verneinen.

Beispiel:
Rechtsanwalt R ist bevollmächtigt, eine Auszahlungsanweisung abzugeben, kann hierzu keinem Angestellten Untervollmacht erteilen.

3.6 Ersatzvollmacht

Die Ersatzvollmacht ist ein Unterfall der Untervollmacht. Es erfolgt eine so genannte „Übertragung“ der Vollmacht, d. h. der die Vollmacht erteilende Vertreter verzichtet zugleich auf seine Vollmacht. Um diesen Fall von der typischen Untervollmacht abgrenzen zu können, sollte man dies als Ersatzvollmacht bzw. - bevollmächtigung bezeichnen.

Zur Duldungs- und Anscheinsvollmacht (s.o.)

3.7 Verfügungsermächtigung

Von der rechtsgeschäftlichen Vertretungsmacht ist die Ermächtigung zur Vornahme von Verfügungen nach § 185 BGB zu unterscheiden. Neben der rechtsgeschäftlichen Vertretungsmacht wird dem Bevollmächtigten im Handelsverkehr häufig auch die Befugnis erteilt, Verfügungen wie z. B. Übereignungen, Abtretungen, für den Geschäftsherrn zu treffen.

Hinweis:
In der Praxis wird häufig der Begriff „Vollmacht" untechnisch verwendet, indem sowohl die Erteilung der rechtsgeschäftlichen Vertretungsmacht als auch die Ermächtigung zur Vornahme von Verfügungen gemeint ist.

Voraussetzung für eine wirksame Ermächtigung ist, dass der Ermächtigende im Zeitpunkt der Vornahme der Verfügung selbst verfügungsberechtigt sein muss, um dem Ermächtigten Verfügungsmacht zu verschaffen. Dies ist nicht möglich, wenn gegen den Ermächtigenden ein Veräußerungsverbot (§ 136 BGB) erlassen oder über sein Vermögen das Insolvenzverfahren eröffnet worden ist (§ 80 Abs. 1 InsO).

4. Vollmachtmuster

4.1 Allgemeine Vollmacht

VOLLMACHT

Ich, der Unterzeichnende, Max Müller, erteile hiermit Paul Meier, Vollmacht mich in allen persönlichen – außer den höchstpersönlichen – und rechtlichen Angelegenheiten, sowohl bei Gerichten und Behörden, als auch gegenüber Personen des Privat- und Handelsrechts, Körperschaften oder Banken ohne jede Ausnahme zu vertreten.

Der Bevollmächtigte kann diese Vollmacht ganz oder teilweise auf andere übertragen sowie diese Übertragung widerrufen. Auch ist ihm gestattet, in meinem Namen mit sich in eigenen Namen oder als Vertreter Dritter Rechtsgeschäfte vorzunehmen. Etwa vorgenommene Rechtsgeschäfte oder Rechtshandlungen genehmige ich.

Diese Vollmacht erlischt durch meinen Tod nicht.

Freiburg, den ....

Unterschrift

4.2 Spezialvollmacht

VOLLMACHT

Ich, Max Müller, erteile Frau Monika Meier Vollmacht, mich in der Angelegenheit, welche die Verlängerung meines Pachtvertrages mit der Schluckspecht-Brauerei in Freiburg betrifft, gegenüber der Brauerei ohne jede Ausnahme zu vertreten.

Etwa bereits vorgenommene Rechtsgeschäfte oder Rechtshandlungen genehmige ich.

Freiburg, den ....

Unterschrift

4.3 Gattungsvollmacht

4.3.1 Variante 1:

VOLLMACHT

Ich, Max Müller, erteile Frau Monika Meier Vollmacht, mich in allen Angelegenheiten, welche mein Pacht- und Bierbezugsverhältnis mit der Brauerei Schluckspecht in Freiburg, insbesondere die Verlängerung und Änderung dieses Verhältnisses betreffen, gegenüber der Brauerei Schluckspecht, zutreffendenfalls auch gegenüber anderen Privatpersonen, Gerichten und Behörden ohne jede Ausnahme zu vertreten.

Die Bevollmächtigte kann diese Vollmacht für einzelne Sachen auf andere übertragen sowie diese Übertragung widerrufen. Auch ist ihm gestattet, Rechtsgeschäfte in meinem Namen mit Dritten als deren Vertreter vorzunehmen.

Etwa bereits vorgenommene Rechtsgeschäfte oder Rechtshandlungen genehmige ist.

Diese Vollmacht erlischt nicht durch meinen Tod.

Freiburg, den ....

Unterschrift

4.3.2 Variante 2:

VOLLMACHT

Ich, Martina Mustermann, bevollmächtige Frau Sandra Specht, Verträge zum Einkauf von Schrauben der Marke Glanz, Typ X1P5, und zum Verkauf von landwirtschaftlichen Maschinen der Marke Turbo bis zu einem Einkaufspreis von 10.000,- EUR und einem Verkaufspreis von 25.000,- EUR mit beliebigen Käufern bzw. Verkäufern abzuschließen.

Die Vollmacht gilt bis zum Widerruf.

Freiburg, den ....

Unterschrift

4.4 Generalvollmacht

4.4.1 Variante 1:

GENERALVOLLMACHT

Ich, Maja Müller, erteile für mich und meine Erben, Manfred Müller Vollmacht, mich in allen persönlichen Vermögens- und Rechtsangelegenheiten zu vertreten, soweit Vertretung gesetzlich überhaupt zulässig ist.

Insbesondere hat der Bevollmächtigte das Recht:

1. Vermögenserwerbungen und -veräußerungen sowie Belastungen jeder Art für mich vorzunehmen und Verbindlichkeiten beliebiger Art und Höhe für mich – auch in vollstreckbarer Form – einzugehen, dabei ferner Auflassungserklärungen abzugeben und entgegenzunehmen, Eintragungen und Löschungen jeder Art in die öffentlichen Bücher und Register, insbesondere in das Grundbuch und das Handelsregister, zu bewilligen und zu beantragen;

2. für mich Vermögenswerte beliebiger Art, namentlich Geld, Sachen, Wertpapiere und Schriftstücke oder andere Mitteilungen in Empfang zu nehmen;

3. Verträge sonstiger Art unter beliebigen Bestimmungen abzuschließen, Vergleiche einzugehen, Verzichte zu erklären und Nachlässe zu bewilligen;

4. mich als Erben, Pflichtteilsberechtigten, Vermächtnisnehmer, Schenker oder Beschenkten in jeder Weise, namentlich auch bei Vermögens- und Gemeinschaftsauseinandersetzungen jeder Art zu vertreten und Ausschlagungserklärungen für mich abzugeben;

5. Prozesse für mich als Kläger oder Beklagten zu führen und hierbei die Rechte eines Prozessbevollmächtigten in vollem Umfange des § 81 Zivilprozessordnung auszuüben, mich insbesondere auch in Beschwerde-, Zwangsversteigerungs- und Zwangsverwaltungs-, in Insolvenz-, Mahn- und Aufgebotsverfahren wie auch in Steuer- oder Rentenverfahren sowie in allen sonstigen gerichtlichen und außergerichtlichen oder behördlichen Verfahren als Gläubiger, Antragsteller oder Schuldner, Kläger oder Beklagten oder in jeder sonst wie in Frage kommenden Eigenschaft ohne jede Einschränkung zu vertreten.

Der Bevollmächtigte kann diese Vollmacht ganz oder teilweise auf andere übertragen und eine solche Übertragung widerrufen. Er ist auch von den Beschränkungen des § 181 BGB befreit

Ich genehmige alle vom Bevollmächtigten etwa für mich vorgenommenen Handlungen.

Die Vollmacht ist frei widerruflich.

Freiburg, den ....

Unterschrift

4.4.2 Variante 2:

GENERALVOLLMACHT

Ich, Maja Müller, erteile stets widerruflich, Herrn Hannes Hauser Vollmacht, mich in allen meinen Vermögens- und Rechtsangelegenheiten gegenüber jedermann gerichtlich und außergerichtlich ohne jede Ausnahme zu vertreten, soweit das Gesetz nicht eine persönliche Handlung zwingend vorschreibt. Namentlich hat der Bevollmächtigte das Recht, mein Vermögen zu verwalten und darüber in jeder Weise zu verfügen, auch Vermögenserwerbungen aller Art vorzunehmen und mich zu verpflichten.

Die Vollmacht gilt auch als Prozess – und Inkassovollmacht und für Steuer- und andere Behörden- und Gerichtsverfahren.

Der Bevollmächtigte ist von den Beschränkungen des § 181 BGB befreit und zur Übertragung der Vollmacht für einzelnen Geschäfte oder eine bestimmte Art von Geschäften befugt.

Die Vollmacht gilt auch als für meine Erben erteilt.

Freiburg, den ....

Unterschrift

4.4.3 Variante 3: Notarielle Generalvollmacht

GENERALVOLLMACHT

Heute, den .... erschien vor mir, Hans Müller, Notar in Freiburg, in meinen Geschäftsräumen Notargasse 3, 79098 Freiburg Herr Manuel Maier, Biologe, Waldstrasse 2, 79012 Freiburg.

Der Erschienene erklärte:

Ich bevollmächtige hiermit, Herrn Max Müller, Müllerweg 7, 79100 Freiburg, mich in allen gesetzlich zulässigen Fällen gerichtlich und außergerichtlich zu vertreten. Die Vollmacht erstreckt sich auch auf Grundstücksgeschäfte. Der Bevollmächtigte ist von den Beschränkungen des § 181 BGB befreit. Wenn ich geschäftsunfähig werden sollte, endet die Vollmacht nicht. Weiter bleibt diese Vollmacht über meinen Tod hinaus bestehen. Diese Vollmacht erlischt, wenn ich oder meine Erben sie widerrufen.

Freiburg, den ………….. ……………………………………

Unterschrift

Beurkundungsvermerk/Beglaubigungsvermerk

4.5 Einzelvollmacht

VOLLMACHT

Ich, Max Müller, bevollmächtige Herrn Moritz Meier, mich bei der Neuverpachtung meines land- und forstwirtschaftlichen Betriebs „Schwarzwaldhof" in Bernau in jeder Weise zu vertreten, insbesondere einen Pachtvertrag auf die Dauer von 10 Jahren nebst Verlängerungsklausel abzuschließen.

Die Vollmacht gilt bis zum 31.12.2005.

Freiburg, den ………….. ……………………………………

Unterschrift

4.6 Gesamtvollmacht

VOLLMACHT

Ich, Max Müller, erteile den Herren Moritz Meier und Stefan Schmid, nur gemeinschaftlich vertretungsbefugt, Vollmacht, mich bei der Neuverpachtung meines land- und forstwirtschaftlichen Betriebs „Schwarzwaldhof" in Bernau in jeder Weise zu vertreten, insbesondere einen Pachtvertrag auf die Dauer von 10 Jahren nebst Verlängerungsklausel abzuschließen.

Freiburg, den ....

Unterschrift

4.7 Vollmacht an mehrere Bevollmächtigte einzeln

VOLLMACHT

Ich, Max Müller, erteile den Herren Moritz Meier und Stefan Schmid, je allein vertretungsbefugt, Vollmacht, mich bei der Neuverpachtung meines land- und forstwirtschaftlichen Betriebs „Schwarzwaldhof" in Bernau in jeder Weise zu vertreten, insbesondere einen Pachtvertrag auf die Dauer von 10 Jahren nebst Verlängerungsklausel abzuschließen.

Freiburg, den ....

Unterschrift

4.8 Untervollmacht

Auf Grund der mir, Max Müller, von Marie Meier erteilten Vollmacht vom 06.04.2005 erteile ich Frau Barbara Schmid Untervollmacht, mit der Brauerei Schluckspecht in Freiburg einen Vertrag über die Lieferung eines neuen Kühlschranks unter beliebigen Bestimmungen abzuschließen.

Freiburg, den ………….. ……………………………

Unterschrift

4.9 Vollmachterteilung gegenüber Dritten

Frau
Marie Meier, Gastwirtin
Speisegasse 19

79102 Freiburg

Sehr geehrte Frau Meier,

ich habe Herrn Paul Müller (Händler in Freiburg) die Vollmacht erteilt, für mich über den Verkauf der Ihnen bekannten Theke für eine Gastwirtschaft zu verhandeln, den Kaufpreis und die sonstigen Kaufbedingungen nach seinem Ermessen mit Ihnen zu vereinbaren, den Kaufvertrag abzuschließen und den Kaufpreis in Empfang zu nehmen. Mein Bevollmächtigter wird sich in den nächsten Tagen mit Ihnen in Verbindung setzen.

Mit freundlichen Grüßen

Martin Schmid

4.10 Unwiderrufliche Vollmacht

VOLLMACHT

Ich, Max Müller, erteile hierdurch für mich und meine Erben (Frau Marie Müller, kaufmännische Angestellte und Herrn Martin Müller, Schreiner, beide wohnhaft in 79098 Freiburg), je allein berechtigt, die Vollmacht, in meinem Namen alle Handlungen vorzunehmen, welche zum Einzug und zur Geltendmachung der mir aus meiner verpachteten Tankstelle, Wasserstr. 1, Freiburg zustehenden Pachtzinsen nach dem Ermessen der Bevollmächtigten erforderlich und zweckmäßig sind. Die Vollmacht gilt auch als Inkasso- und Prozessvollmacht.

Die Bevollmächtigten dürfen Rechtsgeschäfte in meinem Namen mit sich selbst oder mit Dritten als deren Vertreter vornehmen (§ 181 BGB). Sie können diese Vollmacht ganz oder teilweise auf andere Personen übertragen.

Die Vollmacht ist bis zum 31.12.2005 unwiderruflich.

Freiburg, den ....

Unterschrift

4.11 Allgemeine Steuer-/Behördenvollmacht

Ich, Max Müller, bevollmächtige Frau Marie Maier, mich in allen meinen Steuerangelegenheiten vor sämtlichen Finanzbehörden und Finanzgerichten ohne Einschränkung zu vertreten.

Freiburg, den ....

Unterschrift

4.12 Beschränkte Steuer-/Behördenvollmacht

Ich, Max Müller, bevollmächtige Frau Marie Maier mich in dem Rechtsmittelverfahren gegen die Veranlagung zur Einkommenssteuer für das Jahr 2003 zu vertreten.

Sie ist befugt, für mich Entscheidungen entgegenzunehmen.

Freiburg, den ....

Unterschrift

4.13 Genehmigung einer einseitigen Erklärung

Max Müller hat am 06.04.2005 zur Urkunde des Notars Hans Müller in Freiburg, Urkundenrolle 100/2005 auf dem uns je zur Hälfte gehörendes Grundstück der Gemarkung ... eine Grundschuld über 100.000,– EUR für die Volksbank Freiburg bestellt und deren Eintragung im Grundbuch bewilligt und beantragt.

Diese Erklärungen meines Ehemannes genehmige ich nachträglich.

Freiburg, den ....

Unterschrift

4.14 Genehmigung eines Rechtsgeschäfts

Herr Wolfgang Adler hat am 06.02.2005 in meinem Namen ohne Vertretungsmacht für mich einen Vertrag über die Bestellung einer Grundschuld auf meinem Grundstück Fl.Nr. 678/9573 geschlossen.

Ich genehmige hiermit alle von Herrn Wolfgang Adler im Zusammenhang mit der Grundschuldbestellung in meinem Namen vorgenommenen Rechtshandlungen.

Freiburg, den ....

Unterschrift

4.15 Allgemeine Vollmachtbestätigung

4.15.1 Variante 1:

Ich bestätige hiermit die in der Urkunde vom 06.04.2005 behauptete Vollmacht in allen Teilen. Auf Grund dieser Vollmacht war mein Bevollmächtigter befugt, alle in der genannten Urkunde enthaltenen Erklärungen auch in meinem Namen abzugeben und entgegenzunehmen.

Die Vollmacht hat bereits vor Abschluss der Urkunde uneingeschränkt bestanden.

Freiburg, den ....

Unterschrift

4.15.2 Variante 2:

Ich, Ruth Roll, bestätige, dass ich Frau Marie Müller für mich und meine Erben Vollmacht erteilt habe, mich bei Miterwerbung des Grundstücks, Grundbuch von Freiburg Heft 7, Flurstück 8, Wiese 6a 9 qm in jeder Weise uneingeschränkt zu vertreten

Die Bevollmächtigte war ist insbesondere befugt:

1. einen Kaufvertrag unter beliebigen Bestimmungen abzuschließen, die Auflassung zu erklären und entgegenzunehmen und die Eintragung der Grundstückskäufer zu beantragen;

2. Bewilligungen und Anträge beliebiger Art zu Grundbuchzwecken abzugeben und zu stellen;

3. auch die Eintragung und Löschung von Grunddienstbarkeiten, Reallasten und sonstigen dinglichen Rechten sowie die Eintragung von Hypotheken und Grundschulden, auch in vollstreckbarer Form, zu bewilligen und zu beantragen sowie für mich Verbindlichkeiten anzuerkennen und mich hierwegen der sofortigen Zwangsvollstreckung zu unterwerfen.

Die Bevollmächtigte ist von den Beschränkungen des § 181 BGB befreit und konnte und kann Untervollmacht erteilen.

Diese Vollmacht hat bereits am 05. Januar 2005 dem Tag des Abschlusses des notariellen Kaufvertrages, in mündlicher Form bestanden.

Freiburg, den ………….. ………………………………

Unterschrift

4.16 Allgemeine Genehmigung

Ich genehmige hiermit die in der Urkunde vom …. enthaltenen Erklärungen in allen Teilen und ohne Ausnahme. Ich gebe diese Genehmigung gegenüber dem Vertragspartner bzw. dem zur Entgegennahme der Genehmigung Bevollmächtigten an.

Freiburg, den ………….. ………………………………

Unterschrift

4.17 Ablehnung der Genehmigung

Herr Max Müller hat am 12. Februar 2005 in meinem Namen für meine Firma Moritz Meier mit Ihnen einen Kaufvertrag über die Lieferung über 1000 Schrauben des Typs 5XCT3 geschlossen, ohne von mir bevollmächtigt worden zu sein.

Ich erkläre hiermit, dass die Genehmigung dieses Rechtsgeschäfts von mir abgelehnt wird.

Freiburg, den ………….. ………………………………

Unterschrift

4.18 Zurückweisung eines Rechtsgeschäfts ohne Vollmacht

Sehr geehrte Frau Rechtsanwältin Paulsen,

mit Schreiben vom 31. März 2005 haben Sie namens Ihres Mandanten Herr Satorius meinen Mietvertrag mit Herrn Satorius über meine Geschäftsräume gekündigt.

Ich weise die Kündigung hiermit zurück, da Ihrem Schreiben keine Vollmacht Ihres Mandanten beigefügt war.

Mit freundlichen Grüssen

4.19 Vollmachtwiderruf gegenüber Bevollmächtigten

Herrn
Paul Meier
Speisegasse 2

79102 Freiburg

Die Ihnen am 01. April 2005 zur Veräußerung meines Bauplatzes Flurstück 80 in Brunnen, erteilte Vollmacht widerrufe ich hiermit.

Ich bitte um Rückgabe der Vollmachturkunde spätestens innerhalb einer Woche.

Freiburg, den ……………..

Mit freundlichen Grüßen

4.20 Anzeige des Widerrufs an einen Vertragspartner

Firma

Paul Meier
Speisegasse 2

79102 Freiburg

Ich teile Ihnen hiermit mit, dass ich die Vollmacht, die ich Herrn Max Müller mit Schreiben vom 31.01.2004 erteilt habe, mit Wirkung vom heutigen Tag widerrufen habe.

Freiburg, den ....

Unterschrift

4.21 Kraftloserklärung einer Vollmacht

An das Amtgericht Freiburg

Betr.: Kraftloserklärung einer Vollmacht

Ich, Max Müller, beantrage, die öffentliche Bekanntmachung folgender Kraftloserklärung einer Vollmacht zu bewilligen und Herrn Paul Schmid habe ich am 07. Februar 2004 Inkassovollmacht erteilt. Die darüber ausgestellte Vollmachturkunde vom genannten Tage erkläre ich hiermit für kraftlos.

Freiburg, den ....

Unterschrift

Zwei Aufforderungen an den bisherigen Bevollmächtigten, die Vollmacht an mich zurückzugeben, waren erfolglos.

Freiburg, den ....

B. Die Vollmachtarten im HGB

1. Die Prokura

1.1 Definition

Die Prokura ist eine gesetzlich geregelte Vollmacht, § § 48 – 53 HGB. Sie ist eine Sonderform der Vollmacht im Sinne von § 166 Abs. 2 BGB. Bei der Prokura ist – wie für das deutsche Stellvertretungsrecht typisch – zwischen Innen- und Außenverhältnis zu differenzieren. Es handelt sich bei der Prokura um eine in das Handelsregister einzutragende Handelsvollmacht mit gesetzlich festgelegtem und unbeschränkbarem Umfang. Eine Beschränkung der Prokura ist gesetzlich gegenüber Dritten nur für den Fall vorgesehen, dass mehrere Niederlassungen unter verschiedenen Firmen betrieben werden, § 50 Abs. 3 HGB. Charakteristisch für die Prokura ist der gesteigerte Vertrauensschutz gegenüber anderen Vollmachtarten.

Die praktische Konsequenz ist, dass derjenige, der mit einem Prokuristen Geschäfte abschließt, davon ausgehen kann, dass der Prokurist in vollem Umfang seinen Geschäftsherrn vertreten und verpflichten kann. Auch gegenüber dem Dritten entfaltet der gesteigerte Vertrauensschutz dahingehend seine Wirkung, dass jener nicht überprüfen muss, ob der Prokurist tatsächlich für das betreffende Geschäft bestimmte Weisungen erhalten hat. Entscheidend ist ausschließlich, ob die Prokura besteht und deren gesetzlicher Rahmen nicht überschritten wurde.

Hinweis:
Die Prokura besteht unabhängig von einem Arbeitsvertrag.

Tipp:
Um die Gefahr des Missbrauchs der Prokura zu verringern, ist es sinnvoll, die Vertretungsmacht auf verschiedene Personen im Rahmen einer Gesamtprokura zu verteilen, § 48 Abs. 2 HGB.

1.2 Erteilung der Prokura

Die Prokura kann nur von dem Inhaber eines Handelsgeschäfts oder seinem gesetzlichen Vertreter und nur mittels ausdrücklicher Erklärung erteilt werden, § 48 Abs. 1 HGB. Bei handelsrechtlichen Gesellschaften erteilen deren organschaftliche Vertreter die Prokura.

Hinweis:
Da Prokura nur durch eine ausdrückliche Erklärung erteilt werden kann, gibt es folglich keine stillschweigende Duldung oder schlüssige Erteilung. Diese Erklärung muss jedoch nicht unbedingt das Wort „Prokura" enthalten, die Bezeichnung „p.p.a." (per prokura) ist ausreichend.

Ansonsten gelten für die Erteilung der Prokura die allgemeinen Grundsätze über die Bevollmächtigung.

Hinweis:
Nur eine natürliche Person kann Prokurist sein, denn er muss in der Weise zeichnen, dass er der Firma seinen Namen und einen Zusatz (p.p.a.) beifügt, § 51 HGB.

Der Geschäftsinhaber hat die Erteilung der Prokura beim Handelsregister anzumelden, § 53 Abs. 1 S. 1 HGB. Diese Erteilung ist zwar eine eintragungspflichtige Tatsache, jedoch ist die Eintragung der Prokura ins Handelsregister keine Voraussetzung für die Wirksamkeit der Prokura. Dies bezeichnet man als die deklaratorische Wirkung der Eintragung. Im Gegensatz dazu wirkt z. B. die Eintragung der GmbH ins Handelsregister konstitutiv für die Haftungsbeschränkung der Gesellschafter.

Die Erteilung der Prokura ist bereits mit der mündlichen oder schriftlichen Erklärung gegenüber dem Prokuristen vollzogen.

Hinweis:
Es fällt eine Viertelgebühr nach § 45 Abs. 1 KostO an, die jedoch höchstens 130,– EUR beträgt.

Hinweis:
Die Erfüllung der Anmeldepflicht kann durch die Festsetzung von Zwangsgeld erzwungen werden, § 14 HGB.

1.2.1 Vollmachtgeber als Inhaber des Handelsgeschäfts und gesetzliche Vertreter

Die Formulierung in § 48 Abs. 1 HGB „Inhaber des Handelsgeschäfts“ bedeutet, dass der Inhaber ein Kaufmann sein muss. Dies ist in § § 1 bis 5 HGB geregelt. Grundsätzlich geht § 1 HGB davon aus, dass derjenige, der Handelsgewerbe betreibt, so genannter Istkaufmann ist, unabhängig davon, ob eine Eintragung im Handelsregister erfolgte. Denn ein Handelsgewerbe ist jeder Gewerbebetrieb, es sei denn, dass das Unternehmen nach Art oder Umfang einen in kaufmännischer Weise eingerichteten Gewerbebetrieb nicht erfordert. Der Kleingewerbetreibende kann durch Eintragung in das Handelsregister Kaufmannseigenschaft erlangen, § 2 HGB. Die Kaufmannseigenschaft der Handelsgesellschaften ist in § 6 HGB geregelt. Viele juristische Personen des Privatrechts, z. B. die GmbH, sind schon kraft Gesetzes Formkaufleute, § 6 abs. 2 HGB. Für juristische Personen des Privatrechts, die nicht die Formkaufmannseigenschaft aufweisen (privatrechtliche Stiftungen, öffentlich-rechtliche Körperschaften, Anstalten und Stiftungen). Bei der Einzelfirma ist der Inhaber selbst erteilungsberechtigt.

Hinweis:
Wenn der Inhaber nur beschränkt geschäftsfähig oder geschäftsunfähig ist, kann die Prokura nur durch gesetzliche Vertreter, Eltern oder Vormund erteilt werden, wobei jedoch die vorherige Genehmigung durch das Vormundschaftsgericht (§ § 1643 Abs. 1, 1822 Nr. 11 BGB) notwendig ist. Gleiches gilt auch bei der Betreuung, § § 1896 ff, 1908 i BGB.

Wenn eine Genehmigung der Prokura erfolgte, gelten die sonst für den Vormund maßgebenden Beschränkungen wegen Unbeschränkbarkeit der Prokura nicht. Der Schutz des Minderjährigen wird aufgrund des Genehmigungserfordernisses als ausreichend angesehen. Ohne Genehmigung ist die Prokura unwirksam, § 1831 BGB, so dass auch durch die Eintragung ins Handelsregister keine Heilung eintritt. Bei der GmbH ist für die Erteilung der Prokura der Geschäftsführer zuständig. Bei der Aktiengesellschaft und der Kommanditistengesellschaft auf Aktien ist der Vorstand erteilungsberechtigt. Bei den Personengesellschaften erfolgt die Prokuraerteilung durch die vertretungsberechtigten Gesellschafter.

Hinweis:
Eine Erbengemeinschaft kann auch Inhaber eines Handelsgeschäfts sein und durch einen Prokuristen vertreten werden.

Im Gegensatz zu anderen Vollmachtarten kann die Prokura nicht übertragen werden, § 52 Abs. 2 HGB. Sie kann auch nicht durch einen gewillkürten Stellvertreter erteilt werden, denn der Wortlaut des § 48 Abs. 1 HGB steht dem entgegen.

Hinweis:
Wenn der Prokurist durch Urlaub verhindert ist, kann er einen Angestellten ermächtigen, ihn zu vertreten. Rechtlich ist diese Bevollmächtigung als eine zeitlich beschränkte Handlungsvollmacht zu qualifizieren, die gesetzlich erlaubt ist, § 49 Abs. 1 HGB.

Bei einem gesamtvertretungsberechtigten Prokuristen unterliegt die Bevollmächtigung der Zustimmung des anderen Gesamtvertretungsberechtigten.

Wenn ein Angestellter, der bereits über eine Handlungsvollmacht verfügt, zum Vertreter bestellt wird, dann ist dies rechtlich als eine interne Dienstanweisung zu qualifizieren. Damit ist die Mitwirkung einer anderen vertretungsberechtigten Person nicht notwendig.

Besonderheiten beim Insolvenzverfahren

In der Insolvenzordnung ist nicht explizit geregelt, ob eine Neuerteilung der Prokura durch den Insolvenzverwalter möglich ist. Der Bundesgerichtshof (BGH WM 1958, 431) lehnte die Bestellung des Prokuristen im Fall der Abwicklung des Konkursverfahrens als nicht zulässig ab. Dagegen wird aber eingewandt, dass ein Prokurist für den Fall der Betriebsfortführung praktisch notwendig und gerade nicht konkurszweckwidrig ist. Dies wird auf die InsO übertragen, da sie gerade Liquidations- und Sanierungsverfahren vorsieht und nicht ausschließlich die Abwicklung und Zerschlagung eines Unternehmens vorsieht. Die Prokura darf sich jedoch nicht auf konkursspezifische Aufgaben erstrecken.

Besonderheiten beim Liquidationsverfahren

Auch die in Liquidation befindliche Kapitalgesellschaft kann Prokura erteilen. Davon wird auch immer mehr bei den Personenhandelsgesellschaften ausgegangen. Die Erteilung der Prokura steht dem Zweck der Liquidation nicht entgegen, da die Prokura auf den Liquidationszweck beschränkt ist, § 149 HGB.

Besonderheiten bei der Nachlassverwaltung und Nachlasspflegschaft

Auch bei der zweckbeschränkten Nachlassverwaltung (§ § 1975, 1981, 1985 BGB) und Nachlasspflegschaft (§ 1960 BGB) kann vom Nachlassverwalter bzw. Nachlasspfleger Prokura erteilt werden. Denn vom Zweck kann die Führung eines zum Nachlass gehörenden Handelsgeschäfts erfasst werden.

Besonderheiten bei der Testamentsvollstreckung (§ § 2197 ff, 2205 BGB)

Beinhaltet die Tätigkeit des Testamentsvollstreckers die Führung eines Unternehmens, dann wird von der Verwaltung auch die Erteilung der Prokura erfasst; anders wenn der Testamentsvollstrecker lediglich einzelne letztwillige Verfügungen des Erblassers auszuführen hat.

1.2.2 Die Anforderungen zur Person des Prokuristen

Es gilt der Grundsatz, dass gesetzliche bzw. organschaftliche und rechtsgeschäftliche Vertretungsmacht funktional auseinandergehalten werden müssen. Dies hat zur Konsequenz, dass dem Inhaber eines Handelsbetriebes oder dessen gesetzlicher bzw. organschaftliche Vertreter als Handlungsbefugtem nicht Prokura erteilt werden kann. Jedoch kann der kraft Gesetz nicht vertretungsberechtigte Kommanditist Prokura erhalten. Nach der Rechtsprechung des BGH (BGHZ 30, 391, 397) gilt dies auch für den Fall des von der Vertretung ausgeschlossenen persönlich haftenden Gesellschafters. Kurz zusammengefasst stellt dies keinen Widerspruch dar, denn es kommt zu keiner Überschneidung zwischen der gesetzlichen bzw. organschaftlichen und rechtsgeschäftlichen Vertretungsmacht. Anders wäre es im Fall eines gesamtvertretungsberechtigten Organmitglieds sowie eines gesamtvertretungsberechtigten persönlich haftenden Gesellschafters.

Des Weiteren gelten die allgemeinen Grundsätze der handelsrechtlichen Stellvertretung.

1.2.3 Anspruch auf Erteilung der Prokura

Nach der Rechtsprechung des Bundesarbeitsgerichts (BAG) gibt es keinen gerichtlich durchsetzbaren Anspruch auf Erteilung oder Wiedererteilung der Prokura. Zu begründen ist dies damit, dass die Prokura nach § 52 Abs. 1 HGB ohne Rücksicht auf das zugrunde liegende Rechtsverhältnis jederzeit widerruflich ist. Anders ist es in dem Fall, wenn der Kommanditist einen gesellschaftsrechtlichen Anspruch auf Erteilung der Prokura geltend macht, denn der Anspruch gegen die Mitgesellschafter auf Mitwirkung bei Erteilung der Prokura stellt einen gesellschaftsinternen Akt dar.

Auch wenn der Anspruch auf Erteilung der Prokura nicht gerichtlich einklagbar ist, kann der Betreffende Schadensersatzansprüche oder das Recht zur Kündigung aus wichtigem Grund geltend machen. Ein diesbezüglicher Schadensersatzanspruch kommt jedoch nur dann in Betracht, wenn die Parteien für den Fall der Prokuraerteilung eine höhere Vergütung oder eine gesteigerte Verantwortung vereinbart haben.

1.3 Umfang der Prokura

In § 49 HGB ist geregelt, dass die Prokura zu allen gerichtlichen und außergerichtlichen Geschäften und Rechtshandlungen ermächtigt, die der Betrieb eines Handelsgewerbes mit sich bringt. Es werden auch ungewöhnliche und branchenfremde Geschäfte erfasst. Die Prokura bezieht sich jedoch nur auf Außengeschäfte. Grundsätzlich kann die Prokura rechtsgeschäftlich nicht beschränkt werden, § 50 Abs. 1 HGB. Der Geschäftsherr kann jedoch im Innenverhältnis dem Prokuristen Grenzen setzen.

Beispiel:
Der Geschäftsherr gibt dem Prokuristen vor, dass er nur Geschäfte bis zu einer Höhe von 100.000,- EUR ohne dessen Zustimmung abschließen darf.

Das Verhältnis zum Geschäftspartner wird jedoch durch eine solche Beschränkung in keiner Weise berührt, d. h. das rechtsgeschäftliche Handeln des Prokuristen ist – unabhängig von der ihm im Innenverhältnis eingeräumten Handlungsbefugnis – grundsätzlich wirksam.

Hinweis:
Die so genannten eigenhändigen gesetzlichen Inhaber- und Organpflichten, die dem Kaufmann kraft Gesetz selbst vorbehalten sind, wie z. B. die Unterzeichnung des Jahresabschlusses gemäß § 245 HGB, können nicht auf andere übertragen werden und sind deshalb nicht von der Vertretungsmacht des Prokuristen erfasst.

Hinweis:
Auf Geschäfte aus dem Privatbereich des Handelsgewerbeinhabers erstreckt sich die Prokura nicht. Höchstpersönliche Geschäfte werden auch nicht von der Prokura erfasst, so dass sie nur den Inhaber des Handelsgeschäfts nur selbst vorgenommen werden können.

Des Weiteren umfasst der Umfang der Prokura keine Grundlagenentscheidungen sondern nur organisatorische Maßnahmen.

Beispiele für typische Grundlagengeschäfte:
Aufnahme und Ausschluss von Gesellschaftern in das Unternehmen, Einstellung des Betriebes, Verkauf des Unternehmens, Stillegung einzelner Betriebe, Gründung von Tochtergesellschaften, Satzungsänderungen, Sitzverlegung, Firmenänderung.

Die Grundlagen- bzw. Strukturentscheidungen betreffen das Organisationsrecht des Unternehmens.

Die Prokura hat einen gesetzlich festgelegten Rahmen, so dass sich der Geschäftspartner nicht darauf berufen kann, dass er an die Veräußerungsbefugnis des Prokuristen geglaubt habe. Für die Änderung des Unternehmensgegenstandes gilt das gleiche, währenddessen einzelne Geschäfte außerhalb des Unternehmensgegenstandes von der Prokura erfasst werden.

Einen Vertrag über eine stille Beteiligung kann der Prokurist abschließen, da es sich hierbei lediglich um eine schuldrechtliche Verpflichtung handelt. Die Vertretungsmacht des Prokuristen erstreckt sich auch auf die arbeitsrechtliche Vertretung gegenüber Mitarbeitern, wie z. B. Kündigungen oder Abschluss von Arbeitsverträgen.

Des Weiteren kann der Prokurist die Anmeldung zur Eintragung in das Handelsregister wirksam vornehmen, aber nicht für solche Eintragungen, die Grundlagenentscheidungen des eigenen Handelsgeschäfts zum Gegenstand haben. Der Prokurist bedarf einer zusätzlichen Vollmacht, wenn die vorzunehmenden Rechtsgeschäfte nicht durch die Prokura gedeckt sind, § 12 Abs. 2 HGB. Auch die Prokura unterliegt gesetzlichen Einschränkungen, wie z. B. dem Verbot des Selbstkontrahierens, § 181 BGB.

Beispiel:
Ein Prokurist kann nicht ein Firmenfahrzeug an sich selbst verkaufen.

Wenn er dies dennoch macht, ist der geschlossene Vertrag nach § 177 BGB schwebend unwirksam und dessen Wirksamkeit hängt von der Genehmigung des Geschäftsherrn ab. Es besteht natürlich auch die Möglichkeit, dass der Prokurist von den Einschränkungen des § 181 BGB befreit wird. Im Einzelfall ist dies auch stillschweigend möglich. Bei einer generellen Befreiung ist die Erweiterung der Prokura, die ausdrücklich erteilt werden muss, in das Handelsregister einzutragen.

1.4 Besonderheit: Grundstücksgeschäfte

Zur Veräußerung und Belastung von Grundstücken ist der Prokurist nur ermächtigt, wenn ihm diese Befugnis besonders erteilt ist, § 49 Abs. 2 HGB. Eine solche Vollmacht bedarf es sowohl für das Verpflichtungs- als auch für das Verfügungsgeschäft.

Nach der Ansicht des Oberlandesgerichts Hamm (NJW 1967, 2163) bedarf es keiner besonderen Befugnis, wenn der Geschäftsbetrieb des Unternehmens Handel mit Grundstücken ist.

Tipp:
Ein Unternehmen, dessen Tätigkeit der Handel mit Grundstücken ist, sollte jedoch bei Erteilung der Prokura regeln, dass sich die Prokura auf Geschäfte nach § 49 Abs. 2 HGB erstreckt, zumal eine stillschweigende Erweiterung der Prokura nicht möglich ist.

Die Übertragung von Grundpfandrechten richtet sich nach § 49 Abs. 1 HGB, da die Rechte nicht wie Grundstücke oder grundstücksgleiche Rechte zu qualifizieren sind.

Hinweis:
Die Übertragung einer Eigentümergrundschuld in eine Fremdgrundschuld stellt eine Belastung dar, für die der Prokurist einer besonderen Vollmacht bedarf, § 49 Abs. 2 HGB. Die Bestellung einer Eigentümergrundschuld stellt wirtschaftlich keine Belastung dar, so dass sie unter § 49 Abs. 1 HGB fällt und keine besondere Befugnis erforderlich ist.

Hinweis:
Ein Prokurist benötigt keine besondere Vollmacht, wenn er ein Grundstück erwirbt und für den Restkaufpreis eine Hypothek bestellt.

Hinweis:
Die Vollmacht zur generellen Vornahme von Grundstücksveräußerungen und Belastungen nach § 49 Abs. 2 HGB stellt eine Erweiterung der Prokura dar und wird als „Immobiliarklausel“ bezeichnet. Sie bedarf der ausdrücklichen Erklärung, § 48 Abs. 1 HGB und ist ins Handelsregister einzutragen. Die Vollmacht ist in der Form der öffentlichen oder öffentlich beglaubigten Urkunde dem Grundbuchamt nachzuweisen, § 29 GBO. Die Vorlage eines Handelsregisterauszugs oder eine notarielle Registerbescheinigung ist ausreichend.

1.5 Zeichnung des Prokuristen

Der Prokurist hat bei Rechtshandlungen so zu unterschreiben, dass er der Firma seinen Namen mit einem die Prokura andeutenden Zusatz beifügt, § 51 HGB. Üblicherweise geschieht dies in der Form, dass nach dem Firmennamen der Zusatz „ppa.“ – entweder hand- oder maschinenschriftlich – zugefügt und dann der Prokurist unterschreibt. Es ist auch möglich, dass der Vermerk „per procura“ oder „Prokurist“ vor der Unterschrift steht.

Hinweis:
Ein Verstoß gegen § 51 HGB hat auf die Wirksamkeit des Geschäfts keinen Einfluss, da es hierbei lediglich um eine reine Ordnungsvorschrift handelt.

Nach § 53 Abs. 2 HGB hat der Prokurist seine Namensunterschrift unter Angabe der Firma und eines die Prokura andeutenden Zusatzes zur Aufbewahrung bei dem Registergericht zu zeichnen. Die Angabe der Firma ist maschinenschriftlich oder durch Stempel möglich.

Hinweis:
Wenn sich bereits bei Registeranmeldung aus dem Kontext heraus eine einheitliche Urkunde ergibt, aus der hervorgeht, dass die gezeichnete Unterschrift bei der betreffenden Firma verwendet wird, ist von einer ordnungsgemäßen Anmeldung auszugehen, wenn die Firma bereits an anderer Stelle der Urkunde, wie z. B. im Betreff genannt ist.

1.6 Beschränkungen im Innenverhältnis

Die Prokura kann im Innenverhältnis eingeschränkt werden, während im Außenverhältnis dies unwirksam ist, § 50 Abs. 1 HGB. Eine Beschränkung der Prokura ist im Innenverhältnis durch den Arbeitsvertrag selbst oder mittels Dienstanweisungen dahingehend möglich, dass dem Prokuristen auferlegt wird, vor Abschluss bestimmter Geschäfte die Zustimmung des Geschäftsherrn einzuholen.

Tipp:
Die Beschränkungen der Prokura im Innenverhältnis sollten im Interesse des Prokuristen und auch des Geschäftsherrn schriftlich festgelegt werden.

Eine Beschränkung der Prokura im Innenverhältnis ist auch durch die generelle Dienstanweisung an alle Prokuristen, den Anstellungsvertrag selbst, die Arbeitsplatzbeschreibung oder bei der Erteilung der Prokura möglich.

Hinweis:
Wenn es in einem Unternehmen üblich ist, die Vertretungsmacht des Prokuristen zu beschränken, dann sollte dies gleich bei Erteilung der Prokura erfolgen, da ansonsten diese Maßnahme diskriminierenden Charakter hat und für Unmut sorgt. Falls der Prokurist die im Innenverhältnis erteilten Beschränkungen überschreitet, kann dies einen wichtigen Grund für eine Kündigung darstellen. Wenn der Geschäftsherr dadurch einen Nachteil erleidet, kann sich der Prokurist schadensersatzpflichtig machen. Falls der Prokurist die ihm im Innenverhältnis erteilten Beschränkungen überschreitet, aber im Außenverhältnis nicht seine Vertretungsmacht überschreitet, ist der Geschäftsherr an die vom Prokuristen abgeschlossenen Verträge gebunden.

Der Geschäftsherr kann den Prokuristen nicht wirksam nur für gewisse Arten von Geschäften, für gewisse Geschäfte, Geschäftsumstände, Zeiten oder Orten gegenüber Dritten beschränken. Für ein Zuwiderhandeln bezüglich interner Beschränkungen des Prokuristen trägt grundsätzlich der Vertretene das Risiko. Eine allgemeine Prüfungspflicht dahingehend, ob der Prokurist sich innerhalb der Grenzen seiner internen Beschränkungen bewegt, obliegt nicht dem Geschäftspartner. Eine Ausnahme von diesem Grundsatz wird für folgende Fälle gemacht.

1.6.1 Kollusives Zusammenwirken

Eine Kollusion zeichnet sich dadurch aus, dass der Vertreter und der Dritte bewusst zum Nachteil des Vertretenen zusammenwirken. In diesem Fall besteht Einigkeit darüber, dass wenn die Vertretungsmacht des Geschäftsherrn in solch einem krassen Maß missbraucht wird, der Geschäftsherr nicht vertraglich gebunden wird.

Beispiel:
Der Prokurist P lässt sich für den Abschluss des Vertrages mit Geschäftspartner G Schmiergeld von 10.000,- EUR bezahlen.

Nach der Rechtsprechung des Bundesgerichtshofs (BGH NJW 1989, 26, 27) wird das Geschäft als nichtig nach § 138 Abs. 1 BGB angesehen, wobei der VII. Senat des Bundesgerichtsgerichtshofs (BGH NJW 1999, 2266, 2268) dazu tendiert, das Geschäft als rechtsmissbräuchlich zu qualifizieren und den Vertrag als schwebend unwirksam und damit als genehmigungsfähig nach § 177 BGB zu betrachten.

1.6.2 Weitere Fälle des Missbrauchs der Vertretungsmacht

Ein Missbrauch der Vertretungsmacht ist zu bejahen, wenn der Prokurist einen qualifizierten Kompetenzverstoß begeht, dessen Kenntnis den Dritten, der gleichwohl mit dem Prokuristen kontrahiert, dem Vorwurf unzulässiger Rechtsausübung aussetzen kann, wenn er sich auf die Bindung des Geschäftsherrn an den Vertrag beruft. Nach Ansicht des Bundesgerichtshof (BGHZ 50, 112, 114) ist ein qualifizierter Kompetenzverstoß anzunehmen, wenn der Vertreter bewusst zum Nachteil des Vertretenen gehandelt hat. Der Dritte wird nicht geschützt, wenn er weiß, dass der Prokurist nicht nur im Innenverhältnis gesetzte Grenzen überschreitet, sondern auch das konkrete Rechtsgeschäft dem Willen des Geschäftsherrn widerspricht. Die jüngere Rechtsprechung (BGH NJW-RR 1992, 1135, 1136) lehnt im Ergebnis den Schutz des Dritten auch dann ab, wenn er das Vorliegen eines Missbrauchstatbestands in grob fahrlässiger Weise verkannt hat. Dazu müssen so gravierende, sich aufdrängende Verdachtsmomente vorliegen, dass der Dritte hätte denen nachgehen müssen. Dabei ist jedoch immer der Grundsatz des § 50 HGB zu berücksichtigen, wonach den Dritten keine Nachforschungspflichten auferlegt werden dürfen.

Fall:
Der Kaufmann K untersagt dem Prokuristen P, Verträge über den Betrag von 25.000,– EUR hinaus abzuschließen. P kauft im Namen des K bei Verkäufer V Waren für 40.000,– EUR. K weigert sich zu bezahlen. Hat V gegen K einen Anspruch auf Zahlung von 40.000,– EUR?

V könnte gegen K einen Anspruch aus § 433 Abs. 2 BGB auf Zahlung von 40.000,– EUR haben. Dazu müsste ein wirksamer Kaufvertrag zustande gekommen sein. P müsste als Vertreter für K wirksam einen Kaufvertrag abgeschlossen haben. Dies ist der Fall, da sich die Beschränkung der Prokura im Innenverhältnis auf Vertragsabschlüsse bis 25.000,– EUR nicht gegenüber V gilt. Damit hat V gegen K einen Anspruch aus § 433 Abs. 2 BGB. Da P sich über die ihm im Innenverhältnis wirksam gesetzten Schranken hinweggesetzt hat, ist er gegenüber K schadensersatzpflichtig.

2. Gesamtprokura und ihre Sonderformen

2.1.1 Die Grundform der Gesamtprokura

Obwohl das Gesetz in der Einzelprokura den Regefall sieht, ist in der Praxis die Gesamtprokura doch viel verbreiteter. Die Gesamtprokura ist in § 49 Abs. 2 HGB geregelt. Das Erteilen einer Gesamtprokura bedeutet, dass der Gesamtprokurist nur gemeinschaftlich mit dem oder den anderen Gesamtprokuristen den Geschäftsherrn wirksam vertreten kann. Man spricht hierbei von der aktiven Vertretungsberechtigung. Im Gegensatz dazu ist jeder Gesamtprokurist für sich passiv vertretungsberechtigt, d. h. jeder Gesamtprokurist ist befugt, Willenserklärungen und rechtsgeschäftliche Erklärungen, wie z. B. Kündigungserklärungen oder Mängelrügen, mit Wirkung für den Geschäftsherrn entgegennehmen. Die Voraussetzungen des gemeinschaftlichen Handelns bedeutet jedoch nicht, dass die Gesamtprokuristen gleichzeitig handeln müssen. Es reicht aus, wenn der andere Gesamtprokurist dem Geschäft oder einer bestimmten Art von Geschäft vorab zustimmt oder nachträglich einwilligt. Die Genehmigung eines Rechtsgeschäfts kann auch gegen über dem handelnden Gesamtprokuristen schlüssig erklärt werden.

Hinweis:
Wird nachträglich eine Einzelprokura in eine Gesamtprokura umgewandelt, erfolgt dies rechtstechnisch durch den Widerruf der Einzelprokura und gleichzeitig wird die Neuerteilung einer Gesamtprokura intern vorbehalten. Wenn ein Gesamtprokurist allein handelt, hat dies zur Konsequenz, dass der Vertrag mangels Vertretungsmacht schwebend unwirksam ist und von der Genehmigung des Geschäftsherrn oder des anderen Gesamt-

prokuristen abhängt, § 177 Abs. 1 BGB. Für die Erteilung einer Gesamtprokura ist erforderlich, dass beide Prokuristen sind. Es ist nicht möglich, dass einer der Gesamtvertreter lediglich Handlungsbevollmächtigter oder sonst Bevollmächtigter ist, dessen Bevollmächtigung aus dem Handelsregister nicht ersichtlich ist. Anders ist der Fall zu beurteilen, wenn ein Gesamtprokurist einen Zeichnungsberechtigten hinzuzieht, dann beurteilt sich dessen Umfang der Vertretungsmacht nach der dem Zeichnungsberechtigten eingeräumten Vertretungsmacht.

2.1.2 Der Schutzzweck der Gesamtprokura

Der Sinn der Gesamtprokura ist das Unternehmen vor übereilten und riskanten Entscheidungen des einzelnen zu schützen. Sie ist als Vertretungsmacht mit personaler Beschränkung zu qualifizieren.

Dem Gesamtprokuristen obliegt eine aktualisierte Überwachungspflicht, d. h. er ist aufgrund des Dienstverhältnisses zum Unternehmer verpflichtet, seine Mitwirkung bei einem vom anderen Gesamtprokuristen vorbereiteten Geschäft aus sachlichem Anlass im Interesse des Unternehmens zu verweigern. Da die Gesamtprokuristen meistens leitende Angestellte im Unternehmen sind, trifft sie eine erhöhte Treuepflicht, so dass sie die getroffene Entscheidung im Grundsatz mitzuverantworten haben.

2.1.3 Die echte Gesamtprokura gemäß § 48 Abs. 2 HGB

Für diese Art von Prokura ist charakteristisch, dass alle Prokuristen nur gemeinsam handeln können.

Beispiel:
Der Prokurist A ist nur mit dem Prokurist B gemeinsam vertretungsberechtigt.

Erfasst wird jedoch auch die Gruppenprokura, wonach ein Gesamtprokurist nur mit einem anderen Gesamtprokuristen der festgelegten Gruppe oder mit einer Gruppe anderer Gesamtprokuristen gemeinschaftlich handeln kann.

2.1.4 Die halbseitige Gesamtprokura

Kennzeichnend für diese Form von Prokura ist, dass der Prokurist nur gemeinsam mit einem Einzelprokuristen handeln kann. Diese Konstellation wird überwiegend als zulässig angesehen (BGHZ 62, 166, 170 ff).

Beispiel:
Der Gesamtprokurist A ist nur mit dem Einzelprokuristen B gemeinsam vertretungsberechtigt.

Andere zweifeln jedoch diese Konstellation an, da keine zusätzliche Vertretungsmöglichkeit im Umfang der Prokura geschaffen wird. Denn der Einzelprokurist, der bei der Aktivvertretung zustimmen muss, kann den Geschäftsherrn auch gleich allein vertreten. Es geht hierbei folglich nicht um eine Gesamtvertretung.

Hinweis:
Eine halbseitige Gesamtprokura macht in Kombination mit einer echten Gesamtprokura als Übergangslösung Sinn, bis ein weiterer Gesamtprokurist bestellt ist, denn bis zu dem Zeitpunkt könnte ansonsten eine Gesamtprokura nicht eingetragen werden.

2.1.5 Die so genannte gemischte Gesamtprokura

Typisch für diese Konstellation ist, dass dem Prokuristen nur Vertretungsmacht in Gesamtvertretung mit einem Vertreter, dessen Vertretungsmacht auf einer anderen Grundlage, z. B. Gesamtvertretung mit einem OHG-Gesellschafter, einräumt. Diese Konstellation ist prinzipiell unbestritten, denn das Gesetz setzt die Bindung eines gesetzlichen Gesamtvertreters mehrfach voraus, wie z. B. § 125 Abs. 3 HGB, § 78 Abs. 3 AktG, § 25 Abs. 2 GenG.

Der Prokurist wirkt bei der organschaftlichen Vertretung mit und tritt sozusagen an die Stelle des sonstigen Gesamtvertreters, z. B. gesamtvertretungsberechtigten Vorstandsmitglieds. Die Bindung des Prokuristen an den gesetzlichen Vertreter im Rahmen der rechtsgeschäftlichen Vertretung wird von der Rechtsprechung des BGH als eine zulässige Begrenzung der Prokura gewertet.

2.1.6 Die gemischte halbseitige Gesamtprokura

Sie ist dadurch gekennzeichnet, dass der Prokurist an einen alleinvertretungsberechtigten organschaftlichen Vertreter oder an den Inhaber gebunden ist. Es ergeben sich bei dieser Konstellation die gleichen systematischen Bedenken wie bei der halbseitigen Prokura, denn auch hier könnte der alleinvertretungsberechtigte gesetzliche Vertreter oder der Inhaber alleine handeln. Es geht lediglich um die Zustimmung zum Vertretergeschäft und nicht um eine wirkliche Gesamtvertretung.

2.2 Filial- bzw. Niederlassungsprokura

Diese Prokura ist auf den Betrieb einer von mehreren Niederlassungen – Haupt- oder Zweigniederlassung des Geschäftinhabers gegenüber Dritten beschränkt und nur wirksam, wenn die Niederlassungen unter verschiedenen Firmen betrieben werden, § 50 Abs. 3 HGB. Es genügt, dass für eine Zweigniederlassung der Firma ein Zusatz beigefügt wird, der sie als Firma der Zweigniederlassung bezeichnet, § 50 Abs. 3 S. 2 HGB, z. B. Zweigniederlassung Freiburg. Damit stellt diese Art von Prokura einen gesetzlich geregelten Sonderfall dar.

Hinweis:
Nach § 13 HGB im Gegensatz zu § 30 Abs. 3 HGB ist es zulässig, die im Handelsregister eingetragene Zweigniederlassung ohne jeden Zusatz und somit in völlig identischer Form mit der Hauptniederlassung zu führen.

Im Rahmen dieser Art von Prokura ist die Vorschrift des § 13c HGB zu beachten. Beim Registergericht der Hauptniederlassung ist auch Niederlassungsprokura anzumelden und einzutragen. Bei dem Gericht der Hauptniederlassung und der betroffenen Zweigniederlassung sind so viele Stücke, wie nötig sind, einzureichen, § 13c Abs. 3 HGB. Das Gericht der Hauptniederlassung führt die Eintragung der Niederlassungsprokura durch und erstattet Mitteilung an das Gericht der betroffenen Zweigniederlassung, § 13c Abs. 2 S. 1, Abs. 3 S. 2 HGB. Das Gericht der Zweigniederlassung veranlasst ohne Nachprüfung die Eintragung ins Handelsregister, § 13c Abs. 2 S. 2 HGB.

Die Niederlassungsprokura umfasst die Vertretungsmacht für alle gerichtlichen und außergerichtlichen Geschäfte und Rechtshandlungen, die den Betrieb einer Niederlassung eines Handelsgewerbes mit sich bringt. Die Prokura beschränkt sich natürlich auf die Niederlassung und somit auf die Geschäfte, die über die Niederlassung und auf deren Rechnung abgewickelt werden. Der Prokurist muss deshalb als Vertreter der Niederlassung auftreten.

2.3 Erlöschen der Prokura

Das Erlöschen der Prokura ist wie die Erteilung der Prokura zur Eintragung ins Handelsregister einzutragen, § 53 Abs. 3 HGB.

2.3.1 durch Widerruf

Die Prokura ist ohne Rücksicht auf das der Erteilung zugrunde liegende Rechtsverhältnis jederzeit widerruflich, § 52 Abs. 1 HGB. Diese Vorschrift ist zwingend und nicht vertraglich abdingbar. Bei vertragswidrigem Widerruf kann der Prokurist ein Kündigungsrecht aus wichtigem Grund gemäß § 626 Abs. 1 BGB. Das Bundesarbeitsgericht (BAG) bejaht einen wichtigen Grund, wenn der Entzug der Prokura eine unzumutbare Diskriminierung darstellt. Des Weiteren kann der Prokurist auch Schadensersatzansprüche gegenüber dem Arbeitgeber geltend machen, wobei die Bezifferbarkeit eines Schadens meistens nicht nachzuweisen ist. Das Bundesarbeitsgericht (BAG NJW 1987, 862) lehnt einen Anspruch auf Wiedererteilung der Prokura ab.

2.3.2 Widerrufserklärung

Der Widerruf hat wie die Erteilung der Prokura aus Gründen der Rechtssicherheit ausdrücklich zu erfolgen, § 48 Abs. 1 HGB. Des Weiteren gelten die allgemeinen Grundsätze, § § 168 S.3, 167 Abs. 1 BGB. Der Widerruf kann gegenüber dem Prokuristen, Dritten oder durch öffentliche Bekanntmachung z. B. im Handelsregister erfolgen.

Hinweis:
Der Widerruf selbst wird nicht im Handelsregister eingetragen sondern dessen Rechtsfolge nämlich das Erlöschen der Prokura, § 53 Abs. 3 HGB. Es muss folglich die Eintragung des Erlöschens der Prokura beantragt werden.

Der Widerruf gegenüber dem Dritten ist die Ausnahme und spielt dann eine Rolle, wenn der Prokurist nicht erreichbar und Gefahr im Verzuge ist.

Beispiel:
Der Geschäftsherr befürchtet, dass der Prokurist in unredlicher Weise ein Geschäft zum Nachteil des Unternehmens abschließen will.

Die Rechtsfolge des Widerrufs ist das Erlöschen der Prokura, das zur Eintragung ins Handelsregister anzumelden ist.

2.3.3 durch Widerruf einer Gesamtprokura

Erfolgt der Widerruf einer Gesamtprokura, so bleibt die Vertretungsmacht des anderen Gesamtprokuristen davon unberührt. Eine alleinige Gesamtprokura kann jedoch nicht bestehen bleiben, so dass der Widerruf einer Gesamtprokura zum Erlöschen der allein übrig gebliebenen Gesamtprokura führt. Auch die passive Vertretungsmacht besteht nicht mehr weiter.

2.3.4 durch Beendigung des Dienstverhältnisses

Die Prokura erlischt mit der Beendigung des Grundverhältnisses (z. B. Arbeitsvertrag oder Gesellschafterstellung) nach § 168 S. 1 BGB. Falls nichts anderes vereinbart ist, erlischt die Prokura an dem Tag, an dem das Dienstverhältnis beendet wird, so dass ein gesonderter Widerruf nicht notwendig ist.

2.3.5 durch Erlöschen der Firma

Erforderlich ist, dass eine endgültige Einstellung des Geschäftsbetriebes erfolgt und damit sowohl die Kaufmannseigenschaft des Kaufmanns endet als auch die Firma erlischt. Dies gilt auch für den Fall des Kannkaufmanns, wenn dessen Eintragung im Handelsregister gelöscht wird und er folglich die Kaufmannseigenschaft verliert.

Bei Eröffnung des Insolvenzverfahrens über das Vermögen des Kaufmanns erlischt die Prokura gemäß § 117 Abs. 1 InsO.

2.3.6 durch Inhaberwechsel

Ein Inhaberwechsel führt grundsätzlich zum Erlöschen der Prokura, da sie inhaberbezogen ist. Auch der Betriebsübergang gemäß § 613a BGB hat zur Folge, dass die Prokura erlischt, da deren Fortbestand nicht die Folge des weiteren Bestandes des Arbeitsverhältnisses ist.

Hinweis:
Ein bloßer Gesellschafterwechsel bei einer juristischen Person stellt keinen Inhaberwechsel dar, denn dadurch wird die Rechtsträgerschaft der juristischen Person nicht berührt.

Bei einer Personengesellschaft ist dann eine Identität des Inhabers anzunehmen, wenn kein vollständiger Gesellschafteraustausch erfolgt. Auch die Änderung der Rechtsform ändert die Identität des Inhabers nicht, so dass die Prokura nicht erlischt. Wenn die Umwandlung jedoch mit einer Auflösung des bisherigen Rechtsträgers verbunden ist, erlischt die Prokura.

Beispiel:
Die Verschmelzung, Spaltung und Vermögensübertragung sind Umwandlungen, die mit der Auflösung des bisherigen Rechtsträgers verbunden sind, mit der Konsequenz, dass die Prokura erlischt.

Ein echter Wechsel ist bei der Einbringung eines Einzelunternehmens in eine OHG oder KG, der Veräußerung eines einzelkaufmännischen Unternehmens oder der Umwandlung einer Erbengemeinschaft in eine OHG zu bejahen. In diesen Fällen ist die Prokura neu zu erteilen.

2.3.7 durch Verlust der Prokurafähigkeit

In der Person tritt eine Änderung in der Gestalt ein, dass ihm nicht mehr Prokura erteilt werden könnte.

Beispiel:
Der Prokurist wird selbst Inhaber eines Handelsgeschäfts oder Vertretungsorgan.

Hinweis:
Wer kein Prokurist werden kann, der kann auch bei späterem Eintritt des Hinderungsgrundes kein Prokurist bleiben.

2.3.8 durch Niederlegung der Prokura

Der Prokurist legt die Prokura nieder oder verzichtet auf sie durch Verzichtserklärung gegenüber dem Kaufmann.

2.3.9 durch Tod des Prokuristen

Die Prokura erlischt beim Tod des Prokuristen, denn der Kaufmann soll allein bestimmen, wer sein Prokurist ist. Aus diesem Grund ist die Prokura weder übertragbar (§ 52 Abs. 2 HGB) noch vererblich.

Hinweis:
Der Tod des Kaufmanns ist kein Erlöschensgrund, § 52 Abs. 3 HGB. Der Prokurist vertritt nach dem Tod des Kaufmanns dessen Erben in der Gestalt einer postmortalen Vollmacht. § 52 Abs. 3 HGB kann durch Vereinbarung zwischen Kaufmann und Prokurist nicht mit Wirkung gegenüber Dritten abbedungen werden.

3. Registerpublizität und Rechtscheinhaftung

Sofern der jeweiligen Eintragungspflicht in das Handelsregister ordnungsgemäß nachgekommen wird, dokumentiert sie wer welche Vollmachten und mit welchem Umfang erteilt bekommen hat bzw. welche Beschränkungen bestehen. Der Rechtsverkehr kann sich im Rahmen des § 15 HGB auf die öffentliche Bekanntmachung bzw. Nichtbekanntmachung der Tatsachen verlassen.

3.1 Die negative Publizität des Handelsregisters: Unterbleiben der Eintragung und Bekanntmachung

Falls der Kaufmann das Erlöschen der widerrufenen Prokura versäumt hat, beim Registergericht anzumelden, kann er diesen Umstand nicht einem gutgläubigen Dritten entgegenhalten, § 15 Abs. 1 HGB.

Hinweis:
Dem Schweigen des Handelsregisters und/oder der Bekanntmachung über eine eintragungspflichtige Tatsache kann man trauen.

3.2 Zerstörung des Rechtscheins durch richtige Eintragung und Bekanntmachung

Das Erlöschen der Prokura ist im Handelsregister zu offenbaren, wobei diese Tatsache dem Dritten erst entgegengehalten werden kann, wenn sie im Handelsregister eingetragen ist und vor mehr als 15 Tagen bekannt gemacht wurde, § 15 Abs. 2 HGB. Während des Zeitraums von 15 Tagen braucht der Dritte die Tatsache nicht gegen sich gelten lassen, sofern er beweist, dass er sie weder kannte noch kennen musste. Wenn der Kaufmann selbst einen gegensätzlichen Rechtschein geschaffen hat, kann ihm widersprüchliches Verhalten vorgeworfen werden, wenn er dem Dritten den Inhalt der Registereintragung vorenthält.

Hinweis:
Den Inhalt des Handelsregisters muss man kennen, da man sich auf einen gegenteiligen Rechtschein grundsätzlich nicht berufen kann.

3.3 Die positive Publizität: Unrichtige Bekanntmachung

Gemäß § 15 Abs. 3 HGB kann sich derjenige, für den die Tatsache einzutragen war, einem gutgläubigen Dritten nicht auf die unrichtige Bekanntmachung berufen. Es macht keinen Unterschied, ob die Bekanntmachung von der richtigen Registereintragung abweicht oder an einer der Bekanntmachung zugrunde liegenden Registereintragung differiert oder Eintragung und Bekanntmachung unrichtig sind.

Beispiel:
Die Eintragung der Einzelprokura für Hans Hauser und die Eintragung der Gesamtprokura für Bodo Becker und Maja Meier wurde beantragt. Beim Registergericht kommt es zu einer Verwechslung und für Bodo Becker wird eine Einzelprokura eingetragen und bekannt gemacht. Bodo Becker kann sich nicht gegenüber dem Geschäftspartner auf die fehlende Alleinvertretungsberechtigung berufen, wenn er nun allein den Geschäftsherrn vertritt.

Es kommt nicht darauf an, ob der Dritte die Bekanntmachung tatsächlich zur Kenntnis genommen hat und seine Handlung danach ausgerichtet hat, so die überwiegende Meinung.

Hinweis:
Der Bekanntmachung kann man trauen.

Fall:
Kauffrau Dr. Westphal hat ihrem Angestellten Paulsen Prokura erteilt und dies in das Handelsregister eintragen und bekannt machen lassen. Nach einem Streit mit Paulsen widerruft sie die Prokura. Paulsen schließt vor Eintragung und Bekanntmachung des Widerrufs mit dem Lieferanten Lauer einen Kaufvertrag ab. Dieser hat lediglich Kennt-

nis davon, dass es zwischen Frau Dr. Westphal und Paulsen einen Streit gab. Dr. Westphal lehnt die Abnahme und Bezahlung der Waren ab. Lieferant Lauer verlangt nun die Abnahme und Bezahlung der Waren. Zu Recht ?

Lauer könnte gegen Dr. Westphal möglicherweise einen Zahlungsanspruch aus § 433 Abs. 2 BGB haben. Dazu müsste Probst Dr. Westphal wirksam vertreten haben. Es stellt sich nun die Frage, wie es sich auswirkt, dass der Widerruf der Prokura noch nicht in das Handelsregister eingetragen ist als es zwischen Paulsen und Lauer zum Abschluss des Kaufvertrages kam. Aufgrund der negativen Publizität des Handelsregisters kann Dr. Westphal Lauer, der keine positive Kenntnis vom Widerruf der Prokura hat, die fehlende Vertretungsmacht des Paulsen nicht entgegenhalten. Damit hat Lauer gegen Dr. Westphal einen Anspruch aus § 433 Abs. 2 BGB.

3.4 Sonstige Rechtscheinhaftung

Eine Haftung kann auch aufgrund einer Rechtscheinvollmacht in Betracht kommen. Den Mangel einer ausdrücklichen Erteilung können nicht mittels Duldungs- oder Anscheinsvollmacht überwunden werden, jedoch können sie den Rechtschein der Erteilung einer Prokura begründen. Eine Anscheinsprokura ist nur dann möglich, wenn der Mangel nicht in einer ausdrücklichen Erteilung liegt, sondern an anderen Umständen, wie z. B. wenn die Prokura einer nicht prokurafähigen Person erteilt wurde.

Exkurs:
Der Prokurist als leitender Angestellter.Die Prokura ist Anknüpfungspunkt für die Qualifikation als leitender Angestellter, § 5 Abs. 3 Nr. 2 BetrVG. Das Gesetz geht davon aus, dass Personen, denen umfassende Vollmacht erteilt wurde, auch ausschließlich geschäftsleitende Funktionen wahrnehmen.

Für die Qualifikation als leitender Angestellter ist dem Gesetz nach entscheidend, ob die Prokura im Verhältnis zum Arbeitgeber bedeutend oder unbedeutend ist. Es handelt sich hierbei um ein funktionales Merkmal, das die Aufgaben des Prokuristen ihrer Bedeutung nach bemisst. Maßgebend dafür ist, ob der Prokurist unternehmerische Führungsaufgaben ausübt. Es wird die Ansicht vertreten, dass sie den in § 5 Abs. 2 S. 2 Nr. 3 BetrVG genannten Aufgaben gleichen müssen, während die Rechtsprechung des Bundesarbeitsgerichts (BAG AP BetrVG 1972 § 5 Nr. 55) davon ausgeht, dass das funktionale Merkmal der Übernahme von Führungsaufgaben im Sinne einer unternehmerischen Leistungsaufgabe nach § 5 Abs. 3 S. 2 Nr. 3 BetrVG auszulegen sei.

Die Differenzierung danach, ob der Angestellte zugleich Prokurist im Sinne von § 5 Abs. 3 S. 2 Nr. 2 BetrVG ist, habe lediglich eine prozessuale Bedeutung bezüglich der Verteilung der Darlegungs- und Beweislast.

Eine Anwendung des § 5 Abs. 3 S. 2 Nr. 2 BetrVG ist beim so genannten Titularprokuristen ausgeschlossen, da er die Prokura lediglich als Ehrentitel verliehen bekommt, aber laut Arbeitsvertrag die Prokura nicht ausüben darf. Das gilt auch für den Fall, dass der Prokurist nur so genannte Stabfunktionen innehat, die die unternehmerische Entscheidung vorbereiten, aber sie nicht mit unmittelbarer Außenwirkung selbst ausführt, denn es spielt keine Rolle, ob der Angestellte über umfassende Vertretungsmacht verfügt.

4. Nachvertragliches Wettbewerbsverbot

Eine solche Vereinbarung zwischen dem Arbeitgeber und dem Angestellten mit Prokura beurteilt sich gemäß § § 74 ff HGB. Es geht um Wettbewerbsverbote, die im Zusammenhang mit dem Arbeitsverhältnis und seiner Abwicklung für die Zeit nach seiner Beendigung vereinbart werden. Tätigkeitsbezogene oder unternehmensbezogene Wettbewerbsabreden sind inhaltlich möglich. Die reine Kapitalbeteiligung an anderen Unternehmen kann durch ein Wettbewerbsverbot nicht untersagt werden. Für ein vertragliches Wettbewerbsverbot besteht nach § 74 Abs. 1 HGB das Schriftformerfordernis. Des Weiteren muss gleichzeitig im Hinblick auf die Wirksamkeit der Wettbewerbsabrede eine Vereinbarung über eine Karenzentschädigung abgeschlossen werden, § 74 Abs. 2 HGB. Für jedes Jahr des Verbots muss die Entschädigung mindestens die Hälfte der vertragsmäßigen Leistungen betragen.

5. Vollmachtmuster

5.1 Erteilung einer Einzelprokura

5.1.1 Variante 1:

Herrn Max Müller

Sehr geehrter Herr Müller,

ich erteile Ihnen hiermit für mein Handelsgeschäft unter der Firma Martin Meier Einzelprokura.

Von dieser Einzelprokura darf nur für Rechtsgeschäfte Gebrauch gemacht werden, die im Zusammenhang mit Ihren Aufgaben als Leiter der Abteilung Kaufmännisches Rechnungswesen stehen.

Mit freundlichen Grüßen

Martin Meier

5.1.2 Variante 2:

Hierdurch erteilen wir Ihnen mit sofortiger Wirkung Einzelprokura, so dass sie berechtigt und verpflichtet sind, unsere Firma im Rahmen des § 49 Abs. 1 HGB zu vertreten.

Wir behalten uns vor, die Einzelprokura gegebenenfalls in eine Gesamtprokura umzuwandeln.

Im Innenverhältnis bedürfen folgende Geschäfte der vorherigen Zustimmung der Geschäftsleitung:

1. Änderung des Produktions- oder Vertriebsprogramms

2. Bestellung von Gegenständen des Anlagevermögens im Einzelwert von über 100.000,- EUR oder im Gesamtwert über 150.000,- EUR

3. Aufnahme von Krediten oder Gewährung von Darlehen über 50.000,- EUR

4. Einstellung oder Entlassung von Angestellten

Mit freundlichen Grüßen

Martin Meier

Anmeldung der Prokura an das Amtsgericht

An das Amtsgericht Freiburg
Betr.: HRA 999

Als persönlich haftender und vertretungsberechtigter Gesellschafter der Kommanditgesellschaft Meier & Co., die in die Abteilung des Handelsregisters unter der Nr. 999 eingetragen ist, melde ich zur Eintragung in das Handelsregister an, dass Frau Maria Müller Einzelprokura erteilt worden ist.

Frau Maria Müller zeichnet ihre Namensunterschrift für die im Betreff genannte Firma wie folgt:

Freiburg, den ....

Meier & Co.
ppa. Müller
Hans Meier

5.2 Erteilung einer Gesamtprokura

Herrn Max Müller

Sehr geehrter Herr Müller,

hiermit erteile ich Ihnen für meine Firma Martin Meier Gesamtprokura mit Frau Maria Müller.

Die Prokura erstreckt sich nicht auf Grundstücksgeschäfte.

Von der Prokura darf außerdem für folgende Rechtsgeschäfte nicht Gebrauch gemacht werden:

1. Prozessführung
2. Eingehung von Wechselverbindlichkeiten
3. Aufnahme von Krediten und Darlehen über 250.000,- EUR

Mit freundlichen Grüßen

Martin Meier

5.3 Gesamtprokura bei gemischter Gesamtvertretung

Erteilung der Gesamtprokura

Hierdurch erteilen wir Ihnen, Frau Maria Müller, Gesamtprokura in der Weise, dass Sie berechtigt sind, unsere Gesellschaft gemeinsam mit einem Geschäftsführer oder einem anderen Prokuristen zu vertreten.

gez. Schmid	gez. Meier
Geschäftsführerin	Geschäftsführer

Anmeldung beim Amtsgericht Freiburg

Zum Handelsregister B 299 melden wir für die Badische Milchgesellschaft mit beschränkter Haftung zur Eintragung an:

Frau Maria Müller ist Gesamtprokura in der Weise erteilt worden, dass sie die Gesellschaft mit einer Geschäftsführerin bzw. einem Geschäftsführer oder einem anderen Prokuristen vertritt. Frau Müller zeichnet ihre Namensunterschrift unter der Angabe der Firma, wie folgt:

Badische Milchgesellschaft mit beschränkter Haftung

ppa. Müller

Freiburg, den ……..

Schmid	Meier
Geschäftsführerin	Geschäftsführer

5.4 Prokura mit Immobiliarklausel

Erteilung der Prokura

Hierdurch erteilen wir Ihnen Gesamtprokura in der Weise, dass Sie berechtigt sind, unsere Gesellschaft gemeinsam mit einem Vorstandsmitglied oder einem anderen Prokuristen zu vertreten.

Wir ermächtigen Sie außerdem, gemeinsam mit einer anderen vertretungsberechtigten und hierzu befugten Person Grundstücke zu veräußern und zu belasten.

Mit freundlichen Grüßen

Anmeldung beim Amtsgericht Freiburg

Zum Handelsregister B 946 melden wir für die Sauer Aktiengesellschaft folgendes an:

Herrn Paul Schmid ist Gesamtprokura in der Weise erteilt worden, dass er die Gesellschaft gemeinsam mit einem Vorstandsmitglied oder einem anderen Prokuristen vertreten kann.

Er ist auch befugt, Grundstücke zu veräußern oder zu belasten.

Die Bestellung zum Prokuristen ist für alle Niederlassungen unserer Gesellschaften erfolgt.

Herr Schmid zeichnet seine Namensunterschrift für die im Betreff genannte Firma wie folgt:

Freiburg, den ....

Sauer Aktiengesellschaft

ppa. Schmid

Löffler

Alleinvertretungsberechtigtes Vorstandsmitglied

5.5 Filialprokura

Erteilung der Prokura

Hierdurch erteilen wir Ihnen unter Beschränkung auf die Zweigniederlassung Freiburg Gesamtprokura in der Weise, dass Sie berechtigt sind, unsere Gesellschaft gemeinsam mit einem Geschäftsführer oder anderen Prokuristen zu vertreten.

Mit freundlichen Grüßen

Anmeldung beim Amtsgericht Freiburg

Zum Handelsregister B 1987 melden wir für die Mineralwassergesellschaft mit beschränkter Haftung zur Eintragung an:

Frau Anna Moser ist Gesamtprokura unter Beschränkung auf die Zweigniederlassung Freiburg in der Weise erteilt worden, dass sie die Gesellschaft gemeinsam mit einem Geschäftsführer oder anderem Prokuristen vertreten kann.

Frau Moser zeichnet ihre Namensunterschrift für die im Betreff genannte Firma wie folgt:

Freiburg, den ....

Mineralwassergesellschaft

mit beschränkter Haftung

Zweigniederlassung Freiburg

ppa. Moser

Schwendemann

5.6 Erlöschen der Prokura

An das Amtsgericht Freiburg

Registergericht

Zum Handelsregister B 1000 melde ich als Geschäftsführer der Firma Sonnenschirm GmbH zur Eintragung an, dass die Prokura des Herrn Steffen Schmid erloschen ist.

Freiburg, den …..

Firmenstempel

Manfred Vollmer

Geschäftsführer

Beglaubigungsvermerk

6. Die Handlungsvollmacht

Die Handlungsvollmacht nimmt eine Zwischenstellung zwischen der Vollmacht im BGB und der Prokura ein.

6.1 Definition

Die Handlungsvollmacht ist gemäß § 54 HGB jede von einem Kaufmann im Rahmen seines Unternehmens erteilte Vollmacht, die keine Prokuraerteilung darstellt. Damit wird die Handlungsvollmacht negativ von der Prokura abgegrenzt. Wie die Prokura betrifft die Handlungsvollmacht das Außenverhältnis zwischen dem Geschäftsinhaber und dem Dritten und ist ebenfalls vom Grundverhältnis zu trennen. Die Handlungsvollmacht ist eine besondere Vollmacht, auf die neben den Vorschriften des Handelsgesetzbuchs (HGB) auch die Bestimmungen der § 164 bis § 181 BGB anzuwenden sind. Der typische

Fall der Handlungsvollmacht ist die kaufmännische Stellvertretung bei Geschäften im Rahmen eines Handelsgewerbes.

6.2 Erteilung der Handlungsvollmacht

6.2.1 durch Erklärung

Die Erteilung der Handlungsvollmacht erfolgt – mangels Regeln im HGB – nach den Vorschriften des BGB. Sie kann nach § 167 BGB formlos gegenüber dem Bevollmächtigten oder dem Dritten oder mittels öffentlicher Bekanntmachung erfolgen.

Üblich ist, dass die Erteilung der Handlungsvollmacht gegenüber dem Bevollmächtigten und deren Kundgabe dann mittels Rundschreiben an Geschäftspartner und Kunden erfolgt.

Tipp:
Eine Bekanntmachung sollte auch im Unternehmen selbst erfolgen.

Ungewöhnlich ist, wenn die Erklärung nur gegenüber dem Dritten erfolgt und dem Bevollmächtigten der Umfang der Vollmacht nicht mitgeteilt wird, was gerade im Hinblick auf die verschiedenen Arten von Vollmachten sehr bedenklich erscheint.

Tipp:
Eine Erteilung oder Kundgabe durch öffentliche Bekanntmachung ist nicht anzuraten, denn der Widerruf oder das Erlöschen der Handlungsvollmacht hat in gleicher Weise zu erfolgen, damit der Rechtschein des Fortbestehens der Vollmacht zerstört wird.

Hinweis:
Die Handlungsvollmacht ist weder eintragungspflichtig noch -fähig, so dass eine diesbezügliche Eintragung ins Handelsregister nicht in Betracht kommt.

6.2.2 durch stillschweigende Erteilung der Handlungsvollmacht, Duldungs- und Anscheinsvollmacht

Die Handlungsvollmacht kann im Gegensatz zur Prokura auch stillschweigend erteilt werden. Der Geschäftsherr wird vertraglich gegenüber dem gutgläubigen Dritten verpflichtet, wenn er duldet, dass der Mitarbeiter als Handlungsbevollmächtigter auftritt.

Wenn sich aus der Stellung des Mitarbeiters die Vertretungsberechtigung nach der Verkehrsauffassung gemäß § 157 BGB zwangsläufig ergibt, ist eine ausdrückliche Erteilung der Vollmacht nicht erforderlich.

Beispiel:
Dem Leiter der Einkaufsabteilung wurde nicht ausdrücklich Handlungsvollmacht erteilt. Er verfügt dennoch über die Befugnisse des § 54 HGB, die jedoch auf sein Ressort beschränkt sind. Er ist somit zur Vornahme einer bestimmten zu einem Handelsgewerbe gehörigen Art von Geschäften berechtigt.

Wenn keine Vollmacht erteilt wurde, dann finden die Regeln der Rechtscheinhaftung im Sinne von Duldungs- und Anscheinsvollmacht Anwendung.

6.2.3 Der Vollmachtgeber und Erklärende

Die Handlungsvollmacht kann im Unterschied zur Prokura von jedem Kaufmann und auch von einem Bevollmächtigten wie z. B. von einem Prokuristen oder anderen Handlungsbevollmächtigten erteilt werden. Der Prokurist kann aufgrund seiner weitgehenden Befugnisse gemäß § 49 HGB Handlungsvollmacht erteilen. Bei Handelsgesellschaften wird die Handlungsvollmacht durch die organschaftlichen Vertreter erteilt. Außerdem können Personen, die selbst nicht über die Kaufmannseigenschaft verfügen, wie z. B. Insolvenzverwalter, Liquidatoren und Testamentsvollstrecker, aufgrund eines Verwaltungsrechts Handlungsvollmacht erteilen. § 54 HGB wird auch auf Kleingewerbetreibende, die keine Kaufleute sind, analog angewandt.

Eine entsprechende Anwendung des § 54 HGB auf nicht kaufmännische Unternehmen, die Leistungen am Markt anbieten, ist umstritten. Die Erteilung der Handlungsvollmacht durch solche Unternehmensträger wird jedoch überwiegend anerkannt.

Nach § 58 HGB ist grundsätzlich die Handlungsvollmacht ohne Zustimmung des Geschäftsherrn nicht übertragbar. Eine „Übertragung" der Vollmacht kann jedoch wirksam mit der Zustimmung des Geschäftsherrn erfolgen, die gegenüber dem alten wie auch dem neuen Handlungsbevollmächtigten erklärt werden kann, § 182 Abs. 1 BGB. Rechtstechnisch erfolgt die „Übertragung" durch die Erteilung einer Ersatzvollmacht.

Die vorherige oder nachträgliche Zustimmung des Geschäftsherrn kann auch schlüssig erfolgen. Es ist umstritten, ob § 58 HGB analog anzuwenden ist, wenn der Handlungsbevollmächtigte verhindert ist, einen Termin wahrzunehmen und Untervollmacht im Umfang seiner gesamten Handlungsvollmacht erteilen will. Dies ist danach zu beurteilen, ob die Unterbevollmächtigung zu den gewöhnlichen Geschäften des Handlungsbevollmächtigten gehört. Die Erteilung einer Untervollmacht mit dem Umfang der gesamten Handlungsvollmacht wird zu abzulehnen sein, jedoch kann die Erteilung einer beschränkten Untervollmacht, zur Wahrnehmung bestimmter Geschäfte angenommen werden können.

Hinweis:
Falls in diesem Zusammenhang eine Gesamtvertretung besteht, kann ein Handlungsbevollmächtigter allein keine Untervollmacht erteilen.

6.2.4 Der Handlungsbevollmächtigte

Das Handelsgesetzbuch geht davon aus, dass der Handlungsbevollmächtigte organisatorisch in das Unternehmen eingegliedert ist. Handlungsbevollmächtigter ist jeder, der ohne gesetzlicher oder organschaftlicher Vertreter oder Prokurist des Unternehmens zu sein, im Rechtsverkehr als Unternehmensvertreter auftritt. Regelmäßig werden Angestellte als Handlungsbevollmächtigte eingesetzt, z. B. Verkäufer, Kassierer oder Abteilungsleiter. Überwiegend wird deshalb angenommen, dass eine Handlungsvollmacht im Sinne des § 54 HGB nur Mitgliedern des Unternehmens erteilt werden kann; an wirtschaftlich selbständig Außenstehende, wie z. B. Makler oder Rechtsanwälte ist dies nicht möglich. Die Handlungsvollmacht kann an natürliche, beschränkt Geschäftsfähige erteilt werden, wobei die Handlungsvollmacht an einen Minderjährigen die Ausnahme darstellt. Im Gegensatz zur Prokura können auch juristische Personen als Handlungsbevollmächtigte fungieren. Dieser Unterschied zur Prokura ist deshalb gerechtfertigt, weil das vom Gesetz vorausgesetzte gesteigerte Vertrauensverhältnis zum Prokuristen bei der Handlungsvollmacht nicht notwendig ist.

6.3 Umfang der Handlungsvollmacht

Die Handlungsvollmacht unterscheidet sich im Wesentlichen von der BGB-Vollmacht darin, dass der gesetzlich vermutete Umfang in § 54 HGB niedergelegt ist. Die Vermutung erstreckt sich jedoch nicht darauf, ob überhaupt eine Vollmacht erteilt wurde, wobei die Rechtsgrundsätze der Anscheins- und Duldungsvollmacht Anwendung finden.

Der Dritte muss nur solche Beschränkungen gegen sich gelten lassen, die er kennt oder kennen musste, § 54 Abs. 3 HGB. Einerseits darf der Dritte nicht ohne weiteres auf die Richtigkeit der Angaben des Handlungsbevollmächtigten über den Umfang seiner Vertretungsmacht vertrauen, andererseits trifft den Dritten keine Nachforschungspflicht.

Falls die Beschränkung der Handlungsvollmacht bekannt gemacht wurde, ist der Einzelfall entscheidend, ob ein Kennenmüssen des Dritten anzunehmen ist.

Beispiel:
Wenn in einer Schalterhalle oder einem Ladenlokal ein deutlich sichtbarer Aushang vorhanden ist, kann dessen Nichtbeachtung als fahrlässig gewertet werden.

Der Umfang der Handlungsvollmacht gemäß § 54 Abs. 1 HGB umfasst nur solche Geschäfte, die dem Geschäftszweig üblich sind, wobei es auf den objektiven Standard der gemeinsamen Branche und nicht auf den konkreten Betrieb des Kaufmanns ankommt.

Fall:
Der Kaufmann K bevollmächtigt den Angestellten A zum Einkauf von Textilien bis 20.000,– EUR. Jedoch kauft A bei dem Textillieferanten L Textilien für 50.000,– EUR. Muss K sie bezahlen? K hat A eine Artvollmacht erteilt, die er auf den Abschluss von Verträgen bis 20.000,– EUR begrenzt hat. L kannte die betragsmäßige Beschränkung der Vollmacht nicht, folglich ist zwischen K und L ein Kaufvertrag über die Textilien zustande gekommen. Im Innenverhältnis ist der A K schadensersatzpflichtig.

Variante:
L war die betragsmäßige Beschränkung der Vollmacht des A bekannt, dann ist kein wirksamer Kaufvertrag zwischen K und L zustande gekommen. Gemäß § 179 Abs. 3 S. 1 BGB haftet A dem V nicht als Vertreter ohne Vertretungsmacht, da er den Mangel an Vertretungsmacht kannte.

6.4 Beschränkung der Handlungsvollmacht

§ 54 Abs. 2 HGB regelt, dass der Handlungsbevollmächtigte nur bestimmte Geschäfte abschließen darf, wenn ihm dazu eine besondere Befugnis erteilt wurde. Dabei handelt es sich um die Veräußerung oder Belastung von Grundstücken, Eingehung von Wechselverbindlichkeiten, Aufnahme von Darlehen und Prozessführung.

Diese Regelung führt dazu, dass sich der Dritte nicht auf Gutgläubigkeit berufen kann, wenn er mit dem Handlungsbevollmächtigten Geschäfte dieser Art abschließt. Falls der Dritte mit dem Handlungsbevollmächtigten dennoch ein solches Geschäft abschließt, muss er sich vergewissern, dass der Handlungsbevollmächtigte über die entsprechende Befugnis verfügt.

Hinweis:
Ein Handlungsbevollmächtigter kann für die in § 54 Abs. 2 HGB aufgeführten Geschäfte keinen Unterbevollmächtigten bestellen, da die Einräumung dieser Befugnisse mit einer besonderen Vertrauensstellung verbunden ist. Es ist jedoch möglich, dass eine einzelbezogene Untervollmacht erteilt wird und dem Bevollmächtigtem wirtschaftlich gesehen, eine Botenfunktion zukommt.

6.4.1 Veräußerung von Grundstücken

Der Begriff „Veräußerung von Grundstücken" umfasst die Übertragung des Eigentums an einem Grundstück oder grundstücksgleichem Recht (Wohnungseigentum, Erbbaurecht), Einräumung von Miteigentum, Einbringung eines Grundstücks in eine Gesellschaft, schuldrechtliche Verträge, die auf die Übertragung eines Grundstücks gerichtet sind, Vorverträge, dingliche Belastungen (Bestellung einer Dienstbarkeit, Nießbrauch, Grundschuld) sowie den diesbezüglich schuldrechtlichen Vertrag) und Bewilligung einer Vormerkung (§ 883 BGB) zur Sicherung eines auf Übertragung oder Belastung eines Grundstücks gerichteten Anspruchs.

6.4.2 Eingehung von Wechselverbindlichkeiten

Diese Beschränkung gemäß § 56 Abs. 2 HGB erstreckt sich auch auf die zugrundeliegenden schuldrechtlichen Verpflichtungen, während sie jedoch nicht Scheckverbindlichkeiten erfasst.

Hinweis:
Wenn dem Handlungsbevollmächtigten Bankvollmacht eingeräumt wurde, so ist darin grundsätzlich eine Befugnis zur begrenzten Kreditaufnahme zu sehen und keine darüber hinausgehende besondere Befugnis.

Hinweis:
Eine Darlehensaufnahme liegt nicht vor, wenn ein Kredit durch Abrufung einzelner Beträge im vereinbarten Rahmen in Anspruch genommen wird, da von einer stillschweigenden Ermächtigung ausgegangen werden kann

6.4.3 Prozessführung

Wird dem Handlungsbevollmächtigten zur Prozessführung eine besondere Vollmacht erteilt, so erfasst diese alle Prozesshandlungen, Gerichtsstandsvereinbarungen und den Abschluss von Vergleichen. Für das einzelne Verfahren bedarf es keiner gesonderten Vollmacht.

Hinweis:
Im Zivilverfahren ist die Prozessvollmacht mittels schriftlicher Vollmachturkunde nachzuweisen und zu den Gerichtsakten zu geben. Falls Haupt- und Untervollmachten erteilt wurden, ist der Vollmachtnachweis bis zum Vertretenen zurückzuführen.

Eine besondere Vollmacht ist für Schiedsverfahren notwendig, § 54 Abs. 2 HGB. Währenddessen werden von der allgemeinen Handlungsvollmacht Schutzrechtsanmeldungen und sonstige Verfahren vor dem Patentgericht abgedeckt.

6.5 Die verschiedenen Arten von Handlungsvollmachten

Nach § 54 Abs. 1 HGB ist der Umfang der Handlungsvollmacht unterschiedlich. Es wird üblicherweise zwischen Generalhandlungsvollmacht, Arthandlungsvollmacht und Spezialvollmacht unterschieden.

Hinweis:
Der Umfang der drei Arten der Handlungsvollmacht wird gesetzlich nur vermutet.

6.5.1 Generalhandlungsvollmacht (Allgemeine Handlungsvollmacht)

Der Handlungsbevollmächtigte ist berechtigt, alle in seiner Branche und seinem Unternehmen üblichen Geschäfte vorzunehmen. Es handelt sich hierbei um gewöhnliche branchenübliche Rechtsgeschäfte. Ihm obliegt die Führung des Unternehmens. § 54 HGB beinhaltet nur eine gesetzliche Vermutung, wobei der konkrete Umfang der Handlungsvollmacht vom Vollmachtgeber selbst bestimmt wird. § 54 Abs. 2 HGB regelt die Einschränkungen.

Hinweis:
Diese Vollmachtart kann auch alternativ als allgemeine Handlungsvollmacht bezeichnet werden, um nicht mit der Generalvollmacht verwechselt zu werden.

6.5.2 Arthandlungsvollmacht

Sie zeichnet sich dadurch aus, dass sich die Vollmacht nur auf die Vornahme einer bestimmten Art von Rechtsgeschäften beschränkt. Sie können sich z. B. nach Rechtsnatur,

Größenordnung oder Zeit und Ort der Vornahme bestimmen. Die Arthandlungsvollmacht kommt in der Praxis am häufigsten vor.

Beispiel:
Kellner oder Kassierer sind typische Arthandlungsbevollmächtigte.

Hinweis:
In der Praxis beschränkt sich die Vollmacht auf die Geschäfte der betreffenden Abteilung, des Handlungsbevollmächtigten. Wenn der Handlungsbevollmächtigte in eine andere Abteilung versetzt wird, erlischt die Handlungsvollmacht nicht, es sei denn, in der Handlungsvollmachterteilung wurde etwas anderes geregelt.

Tipp:
Bei einer Versetzung in eine andere Abteilung ist es jedoch sinnvoll, dem Handlungsbevollmächtigten eine neue Handlungsvollmacht mit Bezeichnung zum neuen Aufgabenfeld zu erteilen.

Bei der Artvollmacht stellt sich die Frage der Abgrenzung im Hinblick auf Beschränkung im Sinne von § 54 Abs. 3 HGB und Spezifikation im Sinne von § 54 Abs. 1 HGB einer Vollmacht. Beschränkungen der Handlungsvollmacht muss der Dritte nur gegen sich gelten lassen, wenn er sie kannte oder kennen musste, § 54 Abs. 3 HGB.

Nach § 54 Abs. 1 HGB muss die Handlungsvollmacht dahingehend konkretisiert sein, dass sie allgemein eine objektive Abgrenzung der Geschäftsgattung enthält, die sie deutlich zum Ausdruck bringt. Wenn die Vollmacht einer typisierten Form entspricht, die in der Organisation zu Tage tritt, ist eine Artvollmacht im Sinne von § 54 Abs. 1 HGB anzunehmen.

Hinweis:
Die Unternehmensführung muss bei der Erteilung einer Artvollmacht darauf achten, dass diese inhaltliche Konkretisierung im Geschäftsverkehr deutlich wird. Ansonsten finden die Grundsätze der Duldungs- und Anscheinsvollmacht Anwendung, wenn der Geschäftsherr duldet, dass der Handlungsbevollmächtigte außerhalb seines Geschäftsbereichs tätig wird.

6.5.3 Spezialhandlungsvollmacht

Charakteristisch für diese Art von Handlungsvollmacht ist, dass sie zur Vornahme einzelner Geschäfte bzw. nur für ein bestimmtes Rechtsgeschäft berechtigt. Meistens mündlich und formlos erteilt. In schriftlicher Form wird sie dann erklärt, wenn ein Mitarbeiter einen bestimmten Auftrag zu einem besonderen Geschäft erhält und es der Vorlage der

Vollmachturkunde beim Geschäftspartner bedarf. In der Praxis trifft man diese Art von Vollmacht jedoch eher weniger an.

Beispiel:
Ein Angestellter soll einen bestimmten Wareneinkauf tätigen.

6.5.4 Gesamthandlungsvollmacht

Die Erteilung der Gesamthandlungsvollmacht erfolgt mit der Einschränkung, dass von ihr nur zusammen mit einer anderen vertretungsbefugten Person Gebrauch gemacht werden kann. Die Rechtsfigur der Gesamthandlungsvollmacht ist umstritten. Während eine Ansicht davon ausgeht, dass die Einräumung der Gesamtvertretung eine Frage der Ausgestaltung der Vollmacht sei, wird überwiegend die Erteilung einer Gesamthandlungsvollmacht als ein Fall der personellen Beschränkung der Handlungsvollmacht gesehen.

6.6 Zeichnung des Handlungsbevollmächtigten

§ 57 HGB regelt, dass der Handlungsbevollmächtigte sich bei der Zeichnung jedes eine Prokura andeutenden Zusatzes zu enthalten hat. Er hat mit einem das Vollmachtverhältnis ausdrückenden Zusatz zu zeichnen. Hierbei handelt es sich um eine reine Ordnungsvorschrift gegen die ein Verstoß keine Unwirksamkeit des Geschäfts nach sich zieht. Üblicherweise wird der Zusatz „i.V." oder „in Vollmacht" verwendet. Die ältere Form „per" ist nicht anzuraten, da sie zu einer Verwechslungsgefahr mit dem Zusatz „ppa." führt.

Ist nicht explizit erwähnt, dass der Vertretene zu bezeichnen ist, ist dennoch die Bezeichnung der Firma notwendig. Es genügt ein Stempel oder der Briefkopf.

Tipp:
Bei der Erteilung der Handlungsvollmacht ist es sinnvoll, die Art der Zeichnung „ i.V." festzulegen.

Hinweis:
Eine unvollständige Zeichnung stellt einen Verstoß gegen § 57 HGB bzw. § 51 HGB dar.

6.7 Abschlussvollmacht gemäß § 55 HGB

Für Abschlussvertreter, die außerhalb des Betriebes des Unternehmens tätig sind, findet § 55 HGB Anwendung, der wiederum auf § 54 HGB verweist. Des Weiteren gelten Sonderregelungen. § 55 HGB unterscheidet zwischen Handelsvertretern und angestellten Handlungsgehilfen, während für Versicherungsvertreter ausschließlich das Versicherungsvertragsgesetz (VVG) angewandt wird.

6.7.1 Der Handelsvertreter

Der Begriff „Handelsvertreter" wird in § 84 Abs. 1 HGB definiert. Danach ist derjenige Handelsvertreter, wer als selbständiger Gewerbetreibender ständig damit betreut ist, für einen anderen Unternehmer Geschäfte zu vermitteln oder in dessen Namen abzuschließen. Auch erfasst wird der Handelsvertreter, dessen Unternehmen nach Art und Umfang einen in kaufmännischer Weise eingerichteten Geschäftsbetrieb nicht erfordert, § 84 Abs. 4 HGB. Dabei ist ausdrücklich darauf hinzuweisen, dass sich diese Vorschrift entgegen ihrem Wortlaut nur auf Handelsvertreter bezieht, die außerhalb des Geschäftsbetriebes tätig werden.

6.7.2 Der Handelsgehilfe

Bei Handlungsgehilfen im Sinne des § 55 HGB handelt es sich um Angestellte, die im Wesentlichen im Außendienst arbeiten. Die Vollmacht bezieht sich auf Tätigkeiten außerhalb des Betriebs, wobei unter dem Begriff Betrieb sowohl die Hauptniederlassung als auch Zweigniederlassungen zu verstehen sind. Auf sonstige Geschäftsräume erstreckt sich der Begriff Betrieb nicht, da ein Außendienstmitarbeiter ein eigenes Büro haben kann.

Hinweis:
Unter den Begriff Handlungsgehilfen im Außendienst fallen sowohl die Leiter als auch Mitarbeiter von Verkaufsbüros und Reisende.

Maßgebend ist im Einzelfall, ob der Abschlussvertreter in einer Zweigniederlassung oder in einem Verkaufsbüro mit Außendienstfunktion tätig ist, wobei letztendlich Größenordnung des Betriebes und dessen Organisation entscheiden. Grundsätzlich kann die Abschlussvollmacht gemäß § 55 HGB in der Form einer General-, Arthandlungs- oder Spezialhandlungsvollmacht erfolgen, wobei die erstere im Außendienst selten anzutreffen ist.

§ 55 Abs. 2 und 3 HGB sieht Beschränkungen für den Abschlussvertreter vor, wonach er nicht berechtigt ist, abgeschlossene Verträge zu ändern, Zahlungsfristen zu gewähren und grundsätzlich nicht über eine Inkassovollmacht verfügt. § 54 Abs. 4 HGB regelt, dass der Bevollmächtigte berechtigt ist, bestimmte Erklärungen, wie z. B. Mängelrügen, mit Wirkung für den Geschäftsherrn entgegenzunehmen. Der Vertreter darf jedoch – ohne besondere Vollmacht – keine eigenen Erklärungen abgeben, denn dieses Recht steht nur dem Geschäftsherrn zu. Des Weiteren kann die Abschlussvollmacht im Hinblick auf die Wahrnehmung der Beweissicherungsrechte des Unternehmers erweitert werden. Dies impliziert alle gerichtlichen und außergerichtlichen Maßnahmen, wie z. B. Einleitung und Durchführung eines Beweissicherungsverfahrens gemäß § § 485 ff ZPO.

Wenn der Geschäftsherr die Vertretungsmacht des Handlungsbevollmächtigten dahingehend einschränkt, dann gilt die Beschränkung nur gegenüber dem Dritten, wenn dieser sie kannte oder kennen musste. Falls der Handelsvertreter seine Vertretungsmacht überschreitet, findet § 91a HGB Anwendung.

Beispiel:
Der Handelsvertreter ist Vermittlungsvertreter und schließt ein Geschäft ab, das von seiner Abschlussvollmacht nicht erfasst wird.

§ 91a HGB regelt, dass bei Unkenntnis des Dritten hinsichtlich des Mangels der Vertretungsmacht der Vertrag als durch den Kaufmann genehmigt gilt, wenn dieser nicht unverzüglich – ohne schuldhaftes Zögern gemäß § 121 Abs. 1 S.1 BGB – nach der Benachrichtigung über den Vertragsabschluss und den wesentlichen Inhalt des Geschäfts gegenüber dem Dritten das Geschäft ablehnt. Die entsprechende Regelung enthält § 75h HGB für den Handlungsgehilfen.

6.8 Der Versicherungsagent gemäß § § 92, 84 HGB

Darunter sind solche Personen zu verstehen, die als selbständige Gewerbetreibende ständig damit betraut sind, für einen Versicherer Verträge zu vermitteln und abzuschließen. Die Vertretungsbefugnis des Versicherungsagenten ergibt sich aus § § 43 ff VVG.

Der Vermittlungsagent, dessen Vertretungsmacht sich aus § 43 VVG ergibt, ist nur mit der Vermittlung von Versicherungsverträgen betraut, aber verfügt nicht über eine Abschlussvollmacht. Er ist nur in dem Versicherungszweig als bevollmächtigt anzusehen, für den er bestellt ist. Seine Aufgaben beschränken sich darauf Erklärungen, die auf den Versicherungsvertrag bezogen sind, entgegenzunehmen, Versicherungsscheine auszuhändigen und Prämien anzunehmen. Die Vollmacht des Versicherungsagenten ist als Empfangsvollmacht zu qualifizieren. Der Umfang der Vollmacht erstreckt sich nach

Ansicht des Bundesgerichtshofs (BGHZ 116, 387, 389) auf die Entgegennahme der mit dem Antrag zusammenhängenden Tatsachen. Der Versicherungsagent stellt folglich das „Auge und Ohr des Versicherers“ dar.

Hinweis:
Die rechtliche Konsequenz ist, dass die im Vorgespräch gegenüber dem Versicherungsagenten abgegebenen Mitteilungen, die im Hinblick auf den Abschluss des Versicherungsvertrages getätigt wurde gegenüber dem Versicherer als zur Kenntnis gelangt angesehen werden, § 166 Abs. 1 BGB.

Nach § 44 VVG wird die Kenntnis des Versicherungsagenten nicht der des Versicherers gleichgestellt, jedoch nur im Hinblick auf die Kenntnis, die der Versicherungsagent außerhalb seiner Agententätigkeit und ohne Zusammenhang mit dem betreffenden Versicherungsvertrag erlangt hat.

Bei einer Vollmachtüberschreitung des Versicherungsagenten dahingehend, dass er ein Geschäft im Namen des Versicherers abschließt, ist § 91a HGB anzuwenden. Der Versicherer muss unverzüglich nach Kenntnisnahme das Geschäft ablehnen, um nicht mit dem gutgläubigen Dritten eine Bindung einzugehen. In der Rechtsprechung wurde die Haftung des Versicherers für den Versicherungsagenten erweitert. Zusammenfassend ist zu sagen, dass aufgrund der Vertrauensstellung, über die der Versicherungsagent im Rechtsverkehr verfügt, der Versicherer Erklärungen des Agenten zu Inhalt und Bedeutung der Allgemeinen Versicherungsbedingungen oder sonst vertragswesentlichen Bedingungen gegen sich gelten lassen muss.

Der Bundesgerichtshof (BGHZ 40, 22, 25) erreicht dieses Ergebnis durch eine Umgestaltung des Vertrages hinsichtlich des Versicherungsnehmers und der damit verbundenen günstigeren Bedingungen, wobei die Möglichkeit einer Anfechtung nach § 119 BGB nicht besteht. Dazu muss jedoch der Versicherungsnehmer ein schutzwürdiges Vertrauen in die Richtigkeit der fehlerhaften Angaben des Versicherungsagenten gehabt haben.

Eine Umgestaltung des Vertrages zugunsten des Versicherungsnehmers ist abzulehnen, wenn den Versicherungsnehmer ein erhebliches Eigenverschulden trifft, wenn er sich trotz gleichzeitig in schriftlicher Form vorliegenden Vertragsbedingungen auf die abweichenden Aussagen des Versicherungsagenten verlässt oder falls die Umgestaltung gegen zwingendes Recht verstoßen würde.

Des Weiteren kann eine Bindung aufgrund einer falschen Auskunft des Versicherungsagenten nicht entstehen, wenn eine solche Abrede auch nicht zwischen Versicherungsnehmer und Versicherer getroffen werden könnte. Wenn der Versicherungsagent zugleich Abschlussvertreter im Sinne von § 45 VVG ist, umfasst seine Vertretungsmacht auch Änderungen und Verlängerungen der Verträge zu vereinbaren oder Rücktritts- und Kündigungserklärungen abzugeben.

Für die rechtliche Einordnung des Versicherungsagenten als Abschlussagenten ist das Verhältnis zum Versicherer maßgebend. Entscheidend für den Umfang der Bevollmächtigung ist das Auftreten des Versicherungsagenten gegenüber dem gutgläubigen Dritten, mit der Folge einer Duldungs- oder Anscheinsvollmacht.

Beispiel:
Verwendung von Blankoformularen oder Bezeichnung als Generalvertreter

Vom Versicherungsagenten ist der Versicherungsmakler zu unterscheiden, der durch einen Geschäftsbesorgungsvertrag mit dem Versicherungsnehmer verpflichtet wird, dessen Interessen bestmöglich wahrzunehmen.

Hinweis:
Auf den Versicherungsmakler sind § § 43 ff VVG grundsätzlich nicht anzuwenden.

Für den Fall, dass der Vermittler mit Wissen und Wollen des Versicherers tätig wurde, ohne damit „betraut" zu sein, hat der Oberlandesgericht Hamm (NJW-RR 1997, 220, 221) den Vermittler entsprechend einem Versicherungsagenten behandelt. § 46 VVG bestimmt die örtliche Beschränkung der Vollmacht und Vertretungsmacht des Versicherungsagenten auf einen bestimmten Bezirk.

§ 47 VVG regelt, dass ein Dritter eine Beschränkung der dem Versicherungsagenten gemäß § § 43 bis 46 VVG eingeräumte Vertretungsmacht nur gegen sich gelten lassen muss, wenn er sie bei Vornahme des Geschäfts kannte oder infolge grober Fahrlässigkeit nicht kannte.

Von der Rechtsprechung des Bundesgerichtshofs (BGHZ 116, 387, 389) ist in diesem Zusammenhang anerkannt, dass es auch beim Tätigwerden eines Vermittlungsagenten, der lediglich über eine beschränkte Vollmacht verfügt, keine juristische Aufspaltung in Entgegennahme des Antrags auf Abschluss des Versicherungsvertrages und Entgegennahme der zur Ausfüllung des Antragsformulars erforderlichen Angaben vorzunehmen ist.

6.9 Der Bankbevollmächtigte

Der Bankbevollmächtigte ist rechtlich als Handlungsbevollmächtigter im Sinne von § 54 HGB zu qualifizieren. Eine Beschränkung der Vollmacht erfolgt in der Regel sowohl in persönlicher als auch in gegenständlicher Hinsicht.

Beispiel:
Es werden Vollmachtbeschränkungen abweichend vom gesetzlich vermuteten Umfang formuliert.

Eine persönliche Beschränkung der Vollmacht erfolgt z. B. durch die Bindung der Gesamtvollmacht an einen Zeichnungsberechtigten.

6.10 Die Zeichnungsberechtigung „i. A."

Bei der Zeichnungsberechtigung kann es sich rechtlich gesehen auch um eine Vollmacht handeln, wenn auch in der Praxis explizit zwischen Handlungsvollmacht und Zeichnungsberechtigung differenziert wird. Dies erfolgt nicht zwingend im Hinblick auf die Unterscheidung der rechtlichen Qualifikation, sondern bezieht sich auf den Umfang der Vollmacht und die Stellung des betreffenden Mitarbeiters in der Unternehmenshierarchie. Zur Erteilung der Zeichnungsberechtigung sind alle Personen berechtigt, die Prokura erteilen. Bei einem Handlungsbevollmächtigten richtet sich die Befugnis im Einzelfall nach dem Umfang der Vertretungsberechtigung. Dabei ist zwischen der im Innenverhältnis vorhandenen Befugnis zur Erteilung der Zeichnungsberechtigung und der Vertretungsberechtigung, die sich auf die Erteilung der Zeichnungsberechtigung erstreckt, zu unterscheiden. Meistens steht erstere nur den Prokuristen zu, die in der Personalabteilung beschäftigt sind.

Die Zeichnungsberechtigung des Bevollmächtigten äußert sich meistens in der Praxis in der Gestalt, dass er Schreiben, die für das betreffende Unternehmen verpflichtende Erklärungen enthalten, nur mit einer anderen vertretungsberechtigten Person unterzeichnen darf. Der Zeichnungsberechtigte darf nur solche Schreiben unterzeichnen, deren Inhalt von dem Umfang seiner Vollmacht abgedeckt wird.

Hinweis:
Sofern die Zeichnungsberechtigung gegenständlich beschränkt ist, sollte der Vollmachtgeber darauf achten, dass die Grenzen der Vollmacht deutlich zum Ausdruck gebracht werden.

Die typische Beschränkung ist die Begrenzung auf den Arbeitsbereich des Bevollmächtigten.

Für Vertretungsgeschäfte mit einem gewissen Umfang wird meistens eine Kollektivvertretung angeordnet. Für Routinepost, die keine rechtsverbindlichen Erklärungen enthält, wird in der Regel eine Einzelvertretungsbefugnis erteilt.

6.11 Die Ladenvollmacht gemäß § 56 HGB

Die Laden- bzw. Verkaufsvollmacht stellt eine Sonderform gegenüber der Handlungsvollmacht gemäß § 54 HGB dar. § 56 HGB enthält die gesetzliche Vermutung, wonach Personen, die in einem Laden oder offenen Warenlager angestellt sind, als befugt gelten, übliche Verkäufe zu tätigen sowie Sachen und Erklärungen entgegenzunehmen.

6.11.1 Ladeninhaber

Voraussetzung für § 56 HGB ist, dass der Ladeninhaber Kaufmann ist. Aus Gründen des Verkehrsschutzes wird § 56 HGB auch auf Kleingewerbetreibende angewandt.

6.11.2 Angestellter

Als Angestellter ist derjenige zu qualifizieren, der mit Wissen und Wollen des Kaufmanns in einem Laden oder Warenlager mit dem Publikum verkehrt, wobei der Begriff „Angestellter" nicht arbeitsrechtlich zu verstehen ist.

Hinweis:
Unter den Begriff „Angestellter" fällt auch ein Familienangehöriger des Unternehmers, der kurzzeitig aushilft.

6.11.3 Laden oder offenes Warenlager

Von den Begriffen „Laden" und „offenes Warenlager" werden alle dem Publikum zugänglichen Verkaufsstätten erfasst, auch wenn sie nur vorübergehend eingerichtet sind oder sich im Freien befinden.

Beispiel:
Kiosk oder Ausstellung und die Stellfläche eines Gebrauchtwagenhändlers

6.11.4 Verkäufe

Im Rahmen der Vorschrift sind unter „Verkäufen“ Kaufverträge inklusive aller unselbständigen Nebenabreden und Übereignungen, die in einem derartigen Laden oder Warenlager branchenüblich sind, zu verstehen. Dagegen werden Ankäufe – auch dann nicht – erfasst, wenn sie in dem betreffenden Geschäftszweig üblich sind. Die Ladenvollmacht beschränkt sich in der Regel auf Barverkäufe zu den ausgezeichneten bzw. handelsüblichen Preisen. Auch von der Ladenvollmacht umfasst werden Rabattgewährung, sofern sie in dem jeweiligen Handelszweig allgemeine Übung ist. Die Vollmacht erstreckt sich auch auf die Entgegennahme des Kaufpreises. Der Dritte ist dann schützenswert, wenn das Fehlen der Vollmachten oder deren Beschränkungen nicht kannte oder kennen musste. Für den Fall, dass die Vermutung einer entsprechenden Vollmacht tatsächlich widerlegt werden kann, besteht eine Rechtscheinhaftung.

§ 54 Abs. 3 HGB findet im Hinblick auf Beschränkungen gegenüber dem gewöhnlichen Inhalt der Ladenvollmacht analoge Anwendung, wenn der Dritte sie kennt oder kennen musste.

Beispiel:
Der Käufer kann nicht gutgläubig Zahlung an einen Verkäufer leisten, wenn eine Kasse im Geschäft aufgestellt ist.

Hinweis:
Von § 56 HGB abweichende Vollmachtbeschränkungen in Allgemeinen Geschäftsbedingungen sind unwirksam und können dem Kunden somit nicht entgegengehalten werden.

Fall:
Im Lebensmittelgeschäft des L hilft die Nichte N, die gerade zu Besuch ist, als „Verkäuferin“ aus. Der Kunde K kauft Waren für 50,– EUR. N kassiert und behält den Geldbetrag für sich. L verlangt nun von K Zahlung von 50,– EUR, hilfsweise Rückgabe der gekauften Waren.

N ist im Sinne des § 56 HGB im Laden angestellt, da sie mit Billigung des L Waren verkaufte. Somit hat N mit Wirkung für L mit einem gutgläubigen Dritten K einen Kaufvertrag geschlossen und den Kaufpreis entgegengenommen. Folglich kann L von K weder Zahlung noch Rückgabe der Waren verlangen.

6.12 Erlöschen der Handlungsvollmacht

Es gelten die allgemeinen Vorschriften des BGB, insbesondere § 168 BGB.

6.12.1 durch Widerruf der Handlungsvollmacht

Der Widerruf der Vollmacht ist im HGB nicht speziell geregelt, so dass die allgemeinen Grundsätze Anwendung finden, § § 168 ff BGB. Folglich ist die Vollmacht jederzeit frei widerruflich. Jedoch kann das Widerrufsrecht durch Vereinbarung ausgeschlossen werden, sofern dieser im Interesse des Bevollmächtigten oder eines Dritten liegt. Der Widerruf der Vollmacht aus wichtigem Grund bleibt davon unberührt. Der Widerruf der Handlungsvollmacht kann gegenüber dem Handlungsbevollmächtigten oder einem Dritten erfolgen, wobei letzteres nur bei der Vollmacht zur Vornahme einzelner Geschäfte vorkommt. Der Widerruf durch öffentliche Bekanntmachung ist sehr unüblich. Der Schutz des guten Glaubens richtet sich nach § § 170 bis 173 BGB, wobei der Geschäftsherr auch aufgrund der Regeln der Anscheinsvollmacht verpflichtet werden kann.

6.12.2 durch Beendigung des Anstellungsvertrages

Mit der Beendigung des Anstellungsvertrages erlischt auch die Handlungsvollmacht, so dass ein Widerruf nicht erforderlich ist.

6.12.3 durch Einstellung des Geschäftsbetriebs

Ein weiterer Erlöschensgrund ist die Einstellung des Geschäftbetriebes dar.

Hinweis:
Bei einem Betriebsübergang spricht § 168 S.1 BGB dafür, dass die Handlungsvollmacht nicht erlischt, obwohl das Arbeitsverhältnis nach § 613a HGB übergeht. Es ist nicht erforderlich, dass die Handlungsvollmacht vom neuen Geschäftsinhaber erteilt wird. Falls der Handlungsbevollmächtigte weiterhin tätig ist, kann man eine stillschweigende Neuerteilung der Vollmacht oder eine Rechtscheinvollmacht annehmen.

6.12.4 durch die Person des Handlungsbevollmächtigten selbst

Ein Erlöschensgrund in der Person des Handlungsbevollmächtigten ist zu bejahen, wenn er selbst Inhaber oder vertretungsberechtigter Mitgesellschafter wird.

6.12.5 durch Eröffnung des Insolvenzverfahrens

Die Handlungsvollmacht als unternehmensbezogene Vollmacht gemäß § 117 Abs. 1 InsO erlischt durch Eröffnung des Insolvenzverfahrens.

6.13 Vollmachtmuster

6.13.1 a) Handlungsvollmacht

Variante 1:

Ich, Max Müller erteile hiermit Herrn Martin Meier Handlungsvollmacht für mein unter der Firma Müller GmbH betriebenes Handelsgeschäft. Die Vollmacht erstreckt sich auch auf das Eingehen von Wechselverbindlichkeiten und die Aufnahme von Darlehen.

Freiburg, den................. ....

Unterschrift

Variante 2:

Ich, Max Müller, Alleininhaber der im Handelsregister des Amtsgerichts eingetragenen Firma Müller GmbH, erteile Martin Meier für meinen Betrieb Handlungsvollmacht.

Die Vollmacht ist zugleich Inkassovollmacht. Sie ermächtigt jedoch nicht zu Grundstücksgeschäften.

Der Handlungsbevollmächtigte ist auch befugt, Wechselverbindlichkeiten für mich einzugehen, Wechsel zu vollziehen, Darlehen aufzunehmen und Prozesse für mich zu führen. Im Einzelfall darf der Betrag von 10.000,– EUR nicht überschritten werden.

Freiburg, den................ ....

Unterschrift

Variante 3: Handlungsvollmacht für eine Zweigniederlassung

Für unsere Zweigniederlassung in Freiburg, die unter der Firmenbezeichnung „Daimler Chrysler, Zweigniederlassung Freiburg“ geführt wird, erteilen wir Ihnen Vollmacht zum Betrieb dieser Zweigniederlassung.

Die Handlungsvollmacht erstreckt sich nicht auf folgende Rechtshandlungen:

1. Abschluss oder Kündigung von Dienstverträgen mit Angestellten, deren Gehalt über 5000,– EUR liegt;
2. Abschluss der Kündigung von Mietverträgen;
3. Gewährung von Krediten oder Zahlungsziel über 30.000,- EUR im Einzelfall;
4. Einkäufe und Bestellungen, die im Einzelfall 20.000,- EUR und insgesamt monatlich 50.000,– EUR übersteigen.

Freiburg, den................ ....

Unterschrift

6.13.2 b) Generalhandlungsvollmacht

Wir erteilen Ihnen Handlungsvollmacht in der Weise, dass Sie gemeinschaftlich mit einem Geschäftsführer, Prokuristen oder anderen Handlungsbevollmächtigten berechtigt sind, Geschäfte und Rechtshandlungen vorzunehmen, die der Betrieb unseres Unternehmens mit sich bringt.

Die Vollmacht erstreckt sich nicht auf solche Geschäfte und Rechtshandlungen, die § 54 Abs. 2 HGB ausschließt.

Geschäfte:

1. Gewährung von Krediten über 50.000,– EUR
2. Prozessführung

Sie sind befugt schriftliche Erklärungen gemeinsam mit einem Geschäftsführer oder einer anderen vertretungsberechtigten Person mit dem Zusatz „i. V.“ vor Ihrem Namenszug zu unterschreiben.

Freiburg, den…………….. ……………………………………

Unterschrift

6.13.3 c) Artvollmacht

Wie erteilen Ihnen hiermit für unsere Gesellschaft Handlungsvollmacht.

Die Handlungsvollmacht erstreckt sich auf Ihr derzeitiges Arbeitsgebiet als Leiter der Abteilung Einkauf.

Sie sind berechtigt, schriftlich Erklärungen gemeinsam mit Frau Dr. Westphal und in deren Abwesenheit mit einem anderen Prokuristen oder Handlungsbevollmächtigten mit dem Zusatz „i.V.“ zu unterzeichnen.

Sofern es sich um Routinepost handelt, aus der keine rechtliche Verpflichtung entstehen kann, sind Sie zur gemeinsamen Unterzeichnung mit einem anderen Handlungsbevollmächtigten oder einem Mitarbeiter Ihrer Abteilung, der die Befugnis hat, mit „i.A.“ zu unterzeichnen, berechtigt.

Freiburg, den…………….. ……………………………………

Unterschrift

6.13.4 d) Bankvollmacht

Variante 1:

Ich, Maria Maier erteile Herrn Martin Maier Vollmacht, über meine bei der Deutschen Bank Freiburg bestehenden Konten und mein dortiges Wertpapierdepot ohne jede Einschränkung zu verfügen.

Die Vollmacht erlischt nicht meinem Tode.

Freiburg, den................ ....

Unterschrift

Variante 2:

Ich, Maria Maier, erteile hiermit Martin Maier Vollmacht, mich der Deutschen Bank Freiburg gegenüber in allen Angelegenheiten zu vertreten, die aus meiner Geschäftsverbindung mit dieser Bank bestehen. Er ist insbesondere auch bevollmächtigt, über meine Konten und mein Wertpapierdepot in jeder Weise zu verfügen, der Bank Aufträge jeder Art zu erteilen, zum An- und Verkauf von Wertpapieren und anderen Vermögenswerten gegen Barzahlung oder Kredit, der Bank gegenüber Verbindlichkeiten einzugehen sowie von ihr erteilte Abrechnungen, Kontokorrente und Depotauszüge anzuerkennen. Diese Vollmacht erlischt nicht mit meinem Tod. Der Bevollmächtigte kann auch meine Post von diesem Institut oder andere Mitteilungen entgegennehmen und öffnen. Mein Bevollmächtigter ist auch berechtigt, in meinem Namen Geschäfte mit sich selbst abzuschließen.

Freiburg, den................ ....

Unterschrift

6.13.5 Befugnis zur Zeichnung „i.A."

Wir ermächtigen Sie hiermit, die von Ihnen verfassten Briefe gemeinsam mit dem Leiter der Abteilung oder in dessen Abwesenheit mit einem anderen Prokuristen oder Handlungsbevollmächtigten mit dem Zusatz „i.A." zu unterzeichnen.

Diese Ermächtigung gilt nicht für Verträge und solche Schreiben, aus denen die Firma rechtlich verpflichtet wird.

Mit dieser Befugnis ist nicht die Berechtigung verbunden, sich als Handlungsbevollmächtigter unserer Firma zu bezeichnen.

Freiburg, den................ ....

Unterschrift

7. Die Generalvollmacht

Im Handelsrecht ist die Generalvollmacht nicht als Sonderform vorgesehen, denn das HGB kennt als Vollmachtformen nur die Prokura und Handlungsvollmacht. Der Begriff der Generalvollmacht ist auch nicht im kaufmännischen Sprachgebrauch mit der Generalhandlungsvollmacht im Sinne des § 54 HGB gleichzusetzen.

7.1 Definition

Eine Generalvollmacht im Sinne des Bürgerlichen Gesetzbuchs ist eine umfassende Vollmacht, die grundsätzlich zur Vornahme aller Rechtsgeschäfte ermächtigt, bei denen Stellvertretung zulässig ist. Grundsätzlich bekommt der Bevollmächtigte die gleichen Befugnisse wie der Rechtsinhaber, wobei höchstpersönliche Rechtshandlungen ausgenommen sind. Aufgrund der Auslegung können sich Beschränkungen der Vollmacht in der Form ergeben, dass außergewöhnliche Geschäfte nicht vom Umfang der Vollmacht erfasst werden sollen. Die Generalvollmacht führt grundsätzlich im privaten Bereich zu keinen besonderen Schwierigkeiten.

Im Handelsrecht erscheint sie jedoch im Hinblick auf die fehlende gesetzliche Normierung und den damit nicht geregelten Umfang problematischer. Daran ändert auch die Tatsache nichts, dass man vom Grundsatz ausgeht, auf der die Generalvollmacht sollen alle nur denkbaren Befugnisse eingeräumt werden.

Die kaufmännische Generalvollmacht kommt in der Praxis in zwei verschiedenen Formen vor. Die erste Form ist die Generalvollmacht, die an hierarchisch in das Unternehmen eingegliederte Personen anknüpft. Die Erteilung einer Generalvollmacht bedeutet rechtlich lediglich, dass einer Person umfassende Vertretungsmacht eingeräumt wird. Davon muss die mit besonderen Befugnissen im Innenverhältnis verbundene Position des Bevollmächtigten im Unternehmen unterschieden werden. Sie kommt typischerweise in Banken und großen Industrieunternehmen vor. In der Praxis steht die Generalbevollmacht in der Unternehmenshierarchie auf der zweiten Stufe nach der Geschäftsleitung und ist meistens mit einer Erweiterung der Befugnisse verbunden.

Die zweite Form der Generalvollmacht ist die selbständigen und unternehmensfremden Personen erteilte Vollmacht.

Beispiel:
Ein Unternehmen schließt mit einer anderen natürlichen oder juristischen Person einen Betriebsführungs- bzw. Managementvertrag zur Führung des Unternehmens ab.

Bei der Erteilung der Generalvollmacht gegenüber in das Unternehmen eingegliederten Personen stellt sich die Frage, ob diese Vollmachtart dem handelsrechtlichen Typenzwang unterliegt, mit der Konsequenz, dass die Generalvollmacht im Handelsrecht gewissen Einschränkungen unterliegt, die über höchstpersönliche Rechtsgeschäfte hinausgehen. Im Zusammenhang ist zu erwähnen, dass die Generalvollmacht im Bürgerlichen Gesetzbuch keinen inhaltlichen Beschränkungen unterliegt, außer dass sie höchstpersönliche Rechtsgeschäfte ausschließt. Überwiegend wird die Ansicht vertreten, dass die Erteilung von Generalvollmachten auch im Handelsrecht zuzulassen ist. Es ist kein Grund ersichtlich, weshalb im kaufmännischen Bereich solche Einschränkungen vorgenommen werden sollen, wenn der nichtkaufmännische Verkehr sie nicht kennt. Natürlich unterliegt auch die Generalvollmacht gewissen Grenzen, die zwingend beachtet werden müssen.

In Unternehmen sind die Prinzipien der Selbstorganschaft bei der Gesamthand und die organschaftliche Vertretung bei juristischen Personen zu berücksichtigen, die durch das Tätigwerden eines Generalbevollmächtigten nicht umgangen werden dürfen.

Der Generalbevollmächtigte kann nicht über Vertretungsmacht und die Kompetenzen eines geschäftführenden Gesellschafters oder eines Vertretungsorgans verfügen. Das Organ kann nicht durch den Generalbevollmächtigten ersetzt oder verdrängt werden, noch kann das Organ seine Befugnisse delegieren. Dies zieht die rechtliche Konsequenz nach sich, dass eine organvertretende Generalvollmacht unwirksam ist.

Im Gegensatz dazu kann die rechtsgeschäftliche Generalvollmacht nicht an sich ausgeschlossen werden.

Hinweis:
Eine unzulässige Generalvollmacht kann im Einzelfall immer noch in eine zulässige Handlungsvollmacht umgedeutet werden.

7.2 Erteilung der Generalvollmacht

Die Erteilung der Generalvollmacht richtet sich mangels Spezialregelung nach den allgemeinen Vorschriften der § § 167 BGB. Grundsätzlich kann somit die Generalvollmacht schlüssig erteilt werden.

Tipp:
In der Praxis erscheint es empfehlenswert, eine Generalvollmacht aus Sicherheitsgründen schriftlich zu erteilen, auch wenn dies nicht vorgeschrieben ist. Es werden dadurch alle Beteiligten geschützt. Auch der Umfang einer Generalvollmacht sollte exakt fixiert werden.

Eine öffentliche Beglaubigung der Generalvollmacht ist sinnvoll, da sie nicht in das Handelsregister eingetragen wird und damit der Nachweis der Bevollmächtigung nicht durch einen Registerauszug, sondern lediglich durch öffentliche oder öffentlich beglaubigte Urkunden erbracht werden kann. Es ist zu empfehlen, dass die Erteilung der Generalvollmacht notariell beurkundet wird, da der Generalbevollmächtigte üblicherweise zur Geschäftsleitung gehört und damit umfassend handlungsfähig sein sollte, auch im Hinblick auf formbedürftige Geschäfte. Damit werden in der Praxis spätere Einzelvollmachten vermieden.

Die Erteilung einer Generalvollmacht ist völlig unabhängig vom Bestehen einer Prokura, mit der Folge, dass einer Person Generalvollmacht erteilt werden kann, ohne dass sie über Prokura verfügt.

Tipp:
Aus Gründen der Publizität des Handelsregisters sollte eine Generalvollmacht nicht ohne Prokura erteilt werden, da die Generalvollmacht weder eintragungsfähig noch eintragungspflichtig ist.

Zumindest ist dann die Vollmacht in diesem Umfang dokumentiert, denn üblicherweise wird die Erteilung einer Generalvollmacht nicht in öffentlichen Blättern bekannt gemacht.

Tipp:
Auf jeden Fall sollte den ständigen Geschäftspartnern eine schriftliche Mitteilung über die Erteilung der Generalvollmacht gesandt werden, um Unsicherheiten im Rechtsverkehr zu vermeiden.

Hinweis:
Der Generalbevollmächtigte muss nicht in das Unternehmen organisatorisch eingegliedert sein. Natürlich kann auch einem Mitarbeiter eines Unternehmens Generalvollmacht erteilt werden.

Juristische Personen können auch Generalbevollmächtigte sein, da im Gegensatz zu den handelsrechtlichen Vollmachten die organisatorische Eingliederung in das Untenehmen keine persönliche Voraussetzung ist. Gemeinsam mit der Prokura hat die Generalvollmacht, dass sie nicht erteilt werden darf, um einen Ausschluss oder eine Beschränkung der Vertretungsmacht infolge der Gesamtvertretung zu umgehen.

Beispiel:
Einem Gesamtvertretungsberechtigten oder einem von der Vertretung ausgeschlossenen persönlich haftenden Gesellschafter einer OHG kann keine Einzelgeneralvollmacht erteilt werden.

7.3 Der Umfang der Generalvollmacht

Der Umfang der Generalvollmacht beschränkt sich nicht auf den der Prokura. Sie geht weiter als die Prokura, da sie im Gegensatz zu dieser nicht einmal den Beschränkungen des § 49 Abs. 2 HGB unterliegt. Die Generalvollmacht darf jedoch keine Befugnisse umfassen, die dem Organ zuzuordnen ist. Folglich erstreckt sich die Generalvollmacht nicht auf die höchstpersönlichen Rechte, die dem Organ vorbehalten sind.

Beispiel:
Der Generalbevollmächtigte ist nicht berechtigt, den Jahresabschluss zu unterzeichnen, § 245 HGB.

Der Generalbevollmächtigte kann auch nicht Prokura erteilen, da diese Bevollmächtigung dem Inhaber des Handelsgeschäfts oder seinem gesetzlichen Vertreter zusteht. Im Gegensatz dazu ist im organschaftlichen Bereich teilweise Stellvertretung möglich. Dies hat jedoch nicht zur Folge, dass der Inhaber des Handelsgeschäfts oder der Geschäftsführer ihre betreffenden Pflichten nicht wahrzunehmen hätten. Sofern es sich hierbei nicht um eine höchstpersönliche Handlung geht, sondern sie auch von einem Stellvertreter ausgeführt werden kann, stellt sich die Frage, ob ihre Vornahme vom Umfang der

Generalvollmacht erfasst wird oder eine Erteilung einer Einzelvollmacht notwendig ist. Es ist zu klären, ob die Entscheidung im Hinblick auf das Ob und das Wie dem Leitungsorgan oder von vorneherein dem Generalbevollmächtigten obliegt. Aus der grundsätzlichen Zulässigkeit der Bevollmächtigung im Einzelfall kann nicht gefolgert werden, dass auch eine generelle Bevollmächtigung zwingend möglich sein muss.

Beispiel:
Dem alleinigen Entscheidungsrecht des Leitungsorgans unterliegt die Stellung des Insolvenzantrags. Der Generalbevollmächtigte verfügt damit nicht über eine diesbezügliche Vertretungsbefugnis.

Tipp:
Die Generalvollmacht muss so formuliert werden, dass nicht der Eindruck erweckt wird, auch der Kernbereich organschaftlicher Befugnisse wäre mitumfasst.

Im Zweifel ist die Generalvollmacht hinsichtlich ihres Umfangs einschränkend auszulegen.

7.4 Die Generalvollmacht und die verschiedenen Unternehmensformen

7.4.1 Der Einzelkaufmann

Im Rahmen einer Generalvollmacht kann der Einzelkaufmann seine gesamten Befugnisse übertragen. Ausgenommen davon sind die persönlichen Geschäfte, insbesondere im Familien- und Erbrecht, bei denen eine Vertretung nicht möglich ist.

Hinweis:
Der Einzelkaufmann muss bei der Erteilung einer Generalvollmacht darauf achten, dass eine klare Trennung zwischen den geschäftlichen und persönlichen Angelegenheiten erfolgt.

Beispiel:
Erteilt der Einzelkaufmann zugleich unter seinem Namen und unter seiner Firma ohne jede Einschränkung eine Generalvollmacht, dann hat dies zur Konsequenz, dass der Generalbevollmächtigte ermächtigt ist, über das persönliche Eigentum des Kaufmanns, wie z. B. über sein persönliches Bankkonto, zu verfügen.

Tipp:
Die Generalvollmacht eines Einzelkaufmanns sollte so formuliert sein, dass sie nur den unternehmerischen Bereich umfasst.

Der Einzelkaufmann kann die Generalvollmacht sicherheitshalber auf eine Gesamtvertretung beschränken, die so genannte Gesamt-Generalvollmacht. Auch die Möglichkeit einer halbseitigen Gesamtvertretung wäre denkbar, bei der der Gesamtbevollmächtigte an die Mitwirkung des Inhabers gebunden ist, aber in der Praxis ist sie wenig sinnvoll.

Tipp:
Anzuraten ist jedoch, dass im Innenverhältnis ein Katalog der Geschäfte aufgestellt wird, für die die Zustimmung des Geschäftsinhabers notwendig ist.

Eine Risikoreduzierung im Hinblick auf einen Missbrauch der Vertretungsmacht kann nur durch eine sorgfältige Auswahl und Kontrolle des Generalbevollmächtigten erreicht werden.

7.4.2 Die Personenhandelsgesellschaft

Nach der ständigen Rechtsprechung des Bundesgerichtshofs (BGHZ 41, 367, 369) gilt für Personengesellschaften das Prinzip der Selbstorganschaft. Die rechtliche Konsequenz dieser Rechtsprechung ist, dass Dritte nicht zum Vertretungsorgan der Gesellschaft bestellt werden dürfen. Das ist auch der Grund, weshalb eine Generalvollmacht unzulässig ist, die beinhaltet, dass der Bevollmächtigte zu einem Drittorgan gemacht werden soll.

Hinweis:
Durch eine Generalvollmacht können nur solche Funktionen übertragen werden, die nicht zwingend bei den Gesellschaftern bleiben müssen.

Für diesen Umfang hat die Rechtsprechung des Bundesgerichtshof (BGHZ 36, 292, 294) die Bestellung eines Generalbevollmächtigten für die Personenhandelsgesellschaft anerkannt. Im Innenverhältnis kann die Vollmacht nur mittels Gesellschafterbeschlusses erteilt werden, § 116 Abs. 3 HGB analog, denn eine wichtige Maßnahme kann nicht ohne entsprechende gesellschaftsinterne Willensbildung erfolgen. Währenddessen kann im Außenverhältnis jeder Gesellschafter im Umfang seiner Vertretungsmacht eine Bevollmächtigung aussprechen, § § 125, 126 HGB.

Hinweis:
Die Erteilung einer rechtsgeschäftlichen Vollmacht stellt kein Grundlagengeschäft der Gesellschaft dar, auf das sich die Vertretungsmacht nicht bezieht. Typische Grundlagengeschäfte stellen die Änderung des Gesellschaftsvertrages und die Aufnahme eines neuen Gesellschafters dar.

7.4.3 Die GmbH

Bei Kapitalgesellschaften muss bei der Bevollmächtigung darauf geachtet werden, dass nicht ein Dritter die Funktionen eines Leitungsorgans ausübt. Der Bundesgerichtshof (BGH NJW 1977, 199) hat in diesem Zusammenhang entschieden, dass der Geschäftsführer seine Vertretungsmacht nicht vollständig auf einen anderen übertragen kann, auch dann nicht, wenn die Gesellschafter damit einverstanden sind. Eine organvertretende Generalvollmacht ist folglich nicht möglich. Es ist umstritten, ob daneben noch eine rechtsgeschäftliche Generalvollmacht möglich ist. Zusammenfassend ist zu sagen, dass sie einerseits als zulässig erachtet wird, sofern sie sich auf Handlungen beschränkt, die nicht von einen Organ vorgenommen werden müssen, andererseits wird eine Generalvollmacht, die hinsichtlich ihres Umfangs über eine handelsrechtliche Vollmacht hinausgeht, als unzulässig betrachtet.

Hinweis:
Eine rechtsgeschäftliche Generalvollmacht darf nicht dazu führen, dass die Aufgaben- und Kompetenzverteilung in der Gesellschaft untergraben wird.

Wenn einer Person Generalvollmacht eingeräumt werden soll, muss hinsichtlich ihres Umfangs die Vertretungsmacht im Außenverhältnis als auch die Kompetenzverteilung im Innenverhältnis berücksichtigt werden. Der Geschäftsführer verfügt über einen bestimmten, uneinschränkbaren Aufgabenbereich aufgrund seiner Organstellung. Zwar kann der Umfang der Geschäftsführungsbefugnis durch die Gesellschaft selbst oder auch durch den Anstellungsvertrag reglementiert werden, jedoch können dem Geschäftsführer nicht die ihm durch Gesetz zugeordneten Aufgaben beschränkt oder entzogen werden. Zu den gesetzlichen Pflichten zählen die Ersatzpflicht der Gesellschaft gemäß § 9a GmbHG, die Buchführungspflicht der Geschäftsführer nach § 41 GmbHG, die Haftung der Geschäftsführer gemäß § 43 Abs. 3 GmbHG, die Insolvenzantragspflicht nach § 64 Abs. 1 GmbHG und die damit verbundene Haftung der Geschäftsführer nach § 64 2 S. 3 GmbHG sowie die Pflichten der gesetzlichen Vertreter und Vermögensverwalter gemäß § 34 Abs. 1 AO. Des Weiteren stellt auch die Einberufung der Versammlung der Gesellschafter gemäß § 49 GmbHG eine Pflicht des Geschäftsführers dar. Es handelt sich hierbei um einen unentziehbaren Kernbereich des Geschäftsführers, so dass eine kumulative Vertretungsmacht eines Generalbevollmächtigten ausgeschlossen ist. Falls es im Einzelfall zulässig ist, kann dem Generalbevollmächtigten teilweise Vertretungsmacht übertragen werden.

Hinweis:
Soweit Generalvollmacht eingeräumt wurde und sie sich nicht über die Grenzen des Zulässigen hinausbewegt, sollte sie als Form der gewillkürten Stellvertretung nicht schon kategorisch von Beginn an abgelehnt werden.

Für die Erteilung der Generalvollmacht ist erforderlich, dass der Geschäftsführer im Innenverhältnis die Zustimmung der Gesellschafter einholt, § 46 Nr. 7 GmbHG analog.

7.4.4 Die Aktiengesellschaft (AG)

Voraussetzung für die zulässige Erteilung einer Generalvollmacht durch eine Aktiengesellschaft ist, dass die Vertretungsbefugnis des Vorstands beibehalten wird und die Vollmacht widerruflich ist. Für die Erteilung einer Generalvollmacht kann ein interner Zustimmungsvorbehalt gemäß § 111 Abs. 4 S. 2 AktG in der Satzung oder durch den Aufsichtsrat vorgesehen sein.

7.5 Widerruf und Erlöschen der Generalvollmacht

Die Generalvollmacht wird gemäß § 168 BGB widerrufen. Es ist jedoch im Hinblick auf die Zulässigkeit eines Widerrufsausschlusses der Generalvollmacht zwischen zwei Konstellationen zu differenzieren. Eine jederzeit freie und uneinschränkbare Widerruflichkeit einer Generalvollmacht ist dann anzunehmen, wenn die Vollmacht innerhalb einer Unternehmenshierarchie an eine eingegliederte Person erteilt wird. Dies wird damit begründet, dass die Generalvollmacht in dieser Konstellation einer handelsrechtlichen Vollmacht gleichzusetzen ist und aus dieser Überlegung heraus ergibt sich, dass sie jederzeit frei und unbeschränkbar widerruflich sein muss.

Wird einem ausstehenden Dritten Generalvollmacht erteilt, können sachliche Gründe für eine zeitlich befristete Widerrufsperre sprechen, so dass eine solche Generalvollmacht bei Betriebsführungsverträgen als zulässig betrachtet wird.

Ein weiteres Problem, das sich bei der Generalvollmacht stellt, ergibt sich aus der Tatsache, dass sie weder eintragungsfähig noch eintragungspflichtig ist, so dass auch ihr Erlöschen nicht in das Handelsregister eingetragen wird. Der Geschäftsherr muss somit so schnell wie möglich den guten Glauben des Dritten an das Fortbestehen der Vollmacht zerstören.

Tipp:
Die Zerstörung erreicht er am besten damit, dass der Geschäftsherr dem Generalbevollmächtigten zugleich Prokura erteilt, denn das Erlöschen der Prokura muss ins Handelsregister eingetragen werden, so dass der Dritte nun nicht mehr auf den Fortbestand der Prokura vertrauen kann. Und wenn die Prokura entzogen wird oder aus sonstigen Gründen erlischt, kann der Dritte in der Regel nicht mehr weiterhin ohne Zweifel auf den Fortbestand der Generalvollmacht vertrauen.

7.6 Vollmachtmuster

7.6.1 Generalvollmacht

Variante 1:

GENERALVOLLMACHT

Unter Aufrechterhaltung der Ihnen bereits erteilten Prokura erteilen wir Ihnen mit Wirkung ab dem 01.07.2005 Generalvollmacht in der Weise, dass Sie berechtigt sind, unsere Gesellschaft in vollem Umfang gemeinsam mit einem Vorstandsmitglied oder Prokuristen zu vertreten.

Die Generalvollmacht erstreckt sich auf sämtliche Geschäfte und Rechtshandlungen, darunter die Veräußerung und Belastung von Grundstücken. Ausgenommen sind solche Handlungen, die kraft Gesetzes nur dem Vorstand vorbehalten sind.

Jedoch bedürfen folgende Geschäfte der vorherigen Zustimmung des Vorstandes:

– Gewährung von Krediten über 50.000,- EUR

– Eingehen von Wechselverbindlichkeiten und Aufnahme von Darlehen über 50.000,-

EUR

Wir ermächtigen Sie gleichzeitig, Unterschriften für unsere Gesellschaft ohne den Zusatz „ppa." zu leisten.

Freiburg, den................ ....

Unterschrift

Notarielle Beurkundung

Variante 2:

GENERALVOLLMACHT

Ich, Maja Müller, erteile für mich und meinen Erben, Manfred Müller, Vollmacht, mich in allen persönlichen und geschäftlichen Vermögens- und Rechtsangelegenheiten der Müller GmbH zu vertreten, soweit Vertretung gesetzlich überhaupt zulässig ist.

Insbesondere hat der Bevollmächtigte das Recht:

1. Vermögenserwerbungen und -veräußerungen sowie Belastungen jeder Art vorzunehmen und Verbindlichkeiten beliebiger Art und Höhe – auch in vollstreckbarer Form – einzugehen, dabei ferner Auflassungserklärungen abzugeben und entgegenzunehmen, Eintragungen und Löschungen jeder Art in die öffentlichen Bücher und Register, insbesondere in das Grundbuch und das Handelsregister, zu bewilligen und zu beantragen;

2. Vermögenswerte beliebiger Art, namentlich Geld, Sachen, Wertpapiere und Schriftstücke oder andere Mitteilungen, in Empfang zu nehmen;

3. Verträge sonstiger Art unter beliebigen Bestimmungen abzuschließen, Vergleiche einzugehen, Verzichte zu erklären und Nachlässe zu bewilligen;

4. mich als Erben, Pflichtteilsberechtigten, Vermächtnisnehmer, Schenker oder Beschenkten in jeder Weise, namentlich auch bei Vermögens- und Gemeinschaftsauseinandersetzungen jeder Art zu vertreten und Ausschlagungserklärungen abzugeben;

5. Prozesse als Kläger oder Beklagten zu führen und hierbei die Rechte eines Prozessbevollmächtigten im vollen Umfange des § 81 Zivilprozessordnung auszuüben, insbesondere auch in Beschwerde-, Zwangsversteigerungs- und Zwangsverwaltungs-, in Insolvenz-, Mahn- und Aufgebotsverfahren wie auch in Steuer- oder Rentenverfahren sowie in allen sonstigen gerichtlichen und außergerichtlichen oder behördlichen Verfahren als Gläubiger, Antragsteller oder Schuldner, Kläger oder Beklagten oder in jeder sonst wie in Frage kommenden Eigenschaft ohne jede Einschränkung zu vertreten.

Ich genehmige alle vom Bevollmächtigten etwa vorgenommenen Handlungen.

Die Vollmacht ist frei widerruflich.

Freiburg, den................ ....

Unterschrift

Variante 3:

GENERALVOLLMACHT

Ich, Maja Müller als Geschäftsführerin, erteile stets widerruflich, Herrn Hannes Hauser Vollmacht als Generalbevollmächtigten, die Müller GmbH in allen Vermögens- und Rechtsangelegenheiten gegenüber jedermann gerichtlich und außergerichtlich ohne jede Ausnahme zu vertreten, soweit das Gesetz nicht eine persönliche Handlung zwingend vorschreibt.

Die Vollmacht gilt auch als Prozess- und Inkassovollmacht und für Steuer- und andere Behörden- und Gerichtsverfahren.

Der Bevollmächtigte ist von den Beschränkungen des § 181 BGB befreit und zur Übertragung der Vollmacht für einzelnen Geschäfte oder eine bestimmte Art von Geschäften befugt.

Freiburg, den................ ....

Unterschrift

Variante 4: Notarielle Generalvollmacht

GENERALVOLLMACHT

Am heutigen Dienstag, den ..., erschien vor mir, Hans Müller, Notar in Freiburg, in meinen Geschäftsräumen Notargasse 3, 79098 Freiburg, Herr Manuel Maier, Kaufmann und Geschäftsführer der Maier GmbH, Waldstrasse 2, 79012 Freiburg.

Der Erschienene erklärte:

Ich bevollmächtige hiermit als Generalbevollmächtigten, Herrn Max Müller, Müllerweg 7, 79100 Freiburg, die Maier GmbH in allen gesetzlich zulässigen Fällen gerichtlich und außergerichtlich zu vertreten. Die Vollmacht erstreckt sich auch auf Grundstücksgeschäfte. Diese Vollmacht erlischt, wenn ich oder meine Erben sie widerrufen.

Freiburg, den................ ....

Unterschrift

Beurkundungsvermerk/Beglaubigungsvermerk

8. Besonderheiten bei den einzelnen Gesellschaftsarten

8.1 Die offene Handelsgesellschaft (OHG)

8.1.1 Allgemeine Ausführungen

Bei der Personengesellschaft OHG sind die persönlich haftenden Gesellschafter – jeder Gesellschafter der OHG – zur organschaftlichen Vertretung der Gesellschaft ermächtigt, § § 125, 170 HGB. Es besteht Einzelvertretungsmacht eines jeden persönlich haftenden Gesellschafters, soweit im Gesellschaftsvertrag nichts anderes geregelt ist.

Diese Gesellschaft kann sich auch nach den allgemeinen Regeln der Stellvertretung von anderen Personen vertreten lassen. Dabei ist auch die Bevollmächtigung eines Kommanditisten für den Abschluss einzelner Geschäfte mittels Handlungsvollmacht gemäß § 54 HGB oder nach den allgemeinen Regeln der Stellvertretung nach § § 164 ff BGB möglich. Beschränkungen der organschaftlichen Vertretungsmacht sind bei der OHG im Außenverhältnis gemäß § 126 Abs. 2 S. 1 HGB wirksam.

8.1.2 Sonderregelungen im Rahmen der Erteilung und des Widerrufs der Prokura

Bei der offenen Handelsgesellschaft bedarf es zur Bestellung eines Prokuristen der Zustimmung aller geschäftsführenden Gesellschafter, es sei denn, Gefahr ist im Verzug, § 116 Abs. 3 S.1 HGB.

Im Gegensatz dazu kann der Widerruf der Prokura von jedem der zur Erteilung oder Mitwirkung bei der Erteilung befugten Gesellschafter erfolgen, § 116 Abs. 3 S.2 HGB.

Es handelt sich hierbei um eine dispositive Regelung, so dass im Gesellschaftsvertrag eine anderweitige Regelung vereinbart werden kann. Des Weiteren ist zu erwähnen, dass § 116 Abs. 3 HGB sich nur auf das Innenverhältnis bezieht, was sich aus den Regelungen des § § 114 bis 118 HGB und aus dem in § 116 Abs. 1 HGB erwähnten Begriff der Geschäftsführung ergibt.

Bei der Prokura ist strikt zwischen dem Innenverhältnis und dem Außenverhältnis zu trennen. Im Außenverhältnis verfügt jeder vertretungsberechtigte Gesellschafter gegenüber Dritten und dem Prokuristen über die Befugnis, Prokura zu erteilen und zu widerrufen. Zur Begründung ist § 126 Abs. 1 HGB anzuführen, der beinhaltet, dass die Vertretungsmacht der Gesellschafter sowohl die Erteilung als auch den Widerruf der Prokura umfasst. Währenddessen ist nach § 126 Abs. 2 HGB eine Beschränkung der Vertretungsmacht gegenüber Dritten unwirksam

Falls im Gesellschaftsvertrag geregelt ist, dass der die Prokura widerrufende Gesellschafter zuvor der Zustimmung der anderen Gesellschafter bedarf, ergibt sich hieraus eine Verpflichtung im Innenverhältnis, die Zustimmung zur Neuerteilung abzugeben, da er sich ansonsten schadensersatzpflichtig macht. Für die Wirksamkeit der Erteilung und des Widerrufs der Prokura im Außenverhältnis ist die Vertretungsmacht des Gesellschafters maßgebend.

Hinweis:
Wenn ein gesamtvertretungsberechtigter Gesellschafter ohne Zustimmung des anderen Gesamtvertreters gegenüber dem Prokuristen die Prokura widerruft, ist ein Erlöschen der Prokura mangels wirksamen Widerrufs abzulehnen.

Bei dem Widerruf der Prokura handelt es sich um ein innergesellschaftliches Kriterium, wonach der widerrufende Gesellschafter von den anderen Gesellschaftern die Durchführung verlangen kann. Das gleiche gilt für die Ausführung von Zustimmungsbeschlüssen, wozu die geschäftsführenden Gesellschafter ebenfalls verpflichtet sind. Falls die Prokura jedoch im Gesellschaftsvertrag für einen Gesellschafter als Sonderrecht festgelegt wurde, kann ein Widerruf im Innenverhältnis nur aus wichtigem Grund erfolgen, da in diesem Fall der Widerruf gemäß § 116 Abs. 3 S. 2 HGB eingeschränkt ist.

Bei der Anmeldung der Prokura kann das Registergericht nicht den Nachweis verlangen, dass alle geschäftsführenden Gesellschafter der Erteilung der Prokura zugestimmt haben, denn § 116 Abs. 3 HGB regelt nur das Innverhältnis. Eine Ausnahme wird nur dann zugelassen, wenn der bestellende Gesellschafter offensichtlich kompetenzwidrig gehandelt hat und damit mit einem baldigen Widerruf der Prokura gerechnet werden muss. Falls kein Nachweis der Zustimmung erfolgen würde, käme es ansonsten zu einer Gefährdung der Rechtssicherheit.

8.1.3 Unechte Gesamtvertretung

Die Vertretung der Gesellschaft ist in § 125 HGB normiert.

Eine unechte Gesamtvertretung bei der OHG ist dann gegeben, wenn die Gesellschafter – falls nicht mehrere zusammen handeln – nur gemeinschaftlich mit einem Prokuristen handeln dürfen, § 125 Abs. 3 HGB.

Hinweis:
Der Umfang der Vertretungsmacht einer OHG ist in § 126 HGB und nicht in § 49 HGB geregelt.

Nach Rechtsprechung des Bundesgerichtshofs (BGHZ 26, 330, 333) ist nicht zulässig, dass der einzig vorhandene vertretungsberechtigte Gesellschafter oder die Gesamtheit der Gesellschafter an die Mitwirkung eines Prokuristen gebunden wird. Dies ist nicht mit dem Prinzip der Selbstorganschaft vereinbar. Falls ein Gesellschafter von der Vertretung durch Gesellschaftsvertrag ausgeschlossen ist, kann ihm auch keine Prokura erteilt werden.

Hinweis:
Jede Änderung der Vertretungsmacht der Gesellschafter ist von ihnen zur Eintragung in das Handelsregister anzumelden, § 125 Abs. 4 HGB, so z. B. die Anordnung einer unechten Gesamtvertretung oder die Änderung einer unechten Gesamtvertretung. Dabei müssen auch die von der Vertretung ausgeschlossen Gesellschafter mitwirken.

8.2 Die Kommanditgesellschaft (KG)

8.2.1 Allgemeine Ausführungen

Bei der Personengesellschaft KG sind die persönlich haftenden Gesellschafter – die Komplementäre einer KG – zur organschaftlichen Vertretung der Gesellschaft ermächtigt, § § 125, 170 HGB. Der Kommanditist ist jedoch nicht zur Vertretung einer KG befugt, § 170 HGB. Die Kommanditisten sind von der Führung der Geschäfte der Gesellschaft ausgeschlossen, § 164 S. 1 HGB. Es besteht Einzelvertretungsmacht eines jeden persönlich haftenden Gesellschafters, soweit im Gesellschaftsvertrag nichts anderes geregelt ist. Diese Gesellschaft kann sich auch nach den allgemeinen Regeln der Stellvertretung von anderen Personen vertreten lassen. Dabei ist auch die Bevollmächtigung eines Kommanditisten für den Anschluss einzelner Geschäfte mittels Handlungsvollmacht gemäß § 54 HGB oder nach den allgemeinen Regeln der § § 164 ff BGB möglich. Beschränkungen der organschaftlichen Vertretungsmacht sind bei der KG im Außenverhältnis gemäß § 126 Abs. 2 S. 1 HGB wirksam.

8.2.2 Sonderregelungen im Rahmen der Erteilung und des Widerrufs der Prokura

Es kann hierbei grundsätzlich auf die im Rahmen der OHG gemachten Ausführungen verwiesen werden, da die Vorschriften über die OHG auch auf die KG anwendbar sind, § 161 Abs. 2 HGB, und soweit in § § 162 ff HGB keine Sonderregelungen vorgesehen sind. Obwohl die Kommanditisten auch nicht vertretungsberechtigt sind, kann dennoch der Kommanditist Prokurist oder Handlungsbevollmächtigter sein, mit der Konsequenz, dass er mit einem Komplementär oder einem Prokuristen zusammen gesamtvertretungsberechtigt ist, jedoch kann er nicht als Kommanditist sondern nur als bevollmächtigter Vertreter handeln. Wenn dem Kommanditisten die Prokura auf gesellschaftlicher Grundlage erteilt wurde, kann sie nur aus wichtigem Grund widerrufen werden, außer er stimmt dem Widerruf zu. Jedoch ist im Außenverhältnis der von einem vertretungsberechtigten Gesellschafter erklärte Widerruf wirksam. Als rechtliche Folge kann der Kommanditist verlangen kann, dass nach einem rechtswidrigem Entzug der Prokura sie ihm wieder erteilt wird. Die Entscheidung über die Erteilung und den Widerruf der Prokura stellt eine Angelegenheit der Geschäftsführung dar, die ausschließlich zum Geschäftsbereich der geschäftsführenden Gesellschafter gehört. Einer Zustimmung des Kommanditisten bedarf es nicht.

8.3 Die GmbH

8.3.1 Allgemeine Ausführungen

Gemäß § 35 GmbHG wird die GmbH durch ihre Geschäftsführer gerichtlich und außergerichtlich vertreten. Die Vertretungsmacht ist zum Schutz des Rechtsverkehrs grundsätzlich unbeschränkt und kann auch durch Rechtsgeschäft nicht mit Wirkung für das Außenverhältnis beschränkt werden, § 37 Abs. 2 GmbHG. Es sind jedoch bestimmte organisatorische Entscheidungen ausgenommen, damit die Handlungsfähigkeit der Gesellschaft gewährleistet werden kann.

Sofern es um die Bestellung und Abberufung der Geschäftsführer oder um die Geltendmachung von Ersatzansprüchen gegen Geschäftsführer oder Gesellschafter geht, wird die Gesellschaft von den Gesellschaftern vertreten, § 46 Nr. 5 und 8 GmbHG.

Die Regelungen des § 46 GmbHG behalten den Gesellschaftern die Entscheidung über funktionelles und gesellschaftsinterne Fragen vor.

Hinweis:
In der Praxis ist es sinnvoll, dass eine GmbH in der Regel durch zwei Geschäftsführer in Gemeinschaft oder einen Geschäftsführer in Gemeinschaft mit einem Prokuristen vertreten und jedem Geschäftsführer Alleinvertretungsbefugnis erteilt wird.

Hinweis:
Gleiches gilt für die Ein-Mann-GmbH, wobei der Ein-Mann-Gesellschafter sich selbst aufgrund entsprechender Satzungsbestimmungen von den Beschränkungen des § 181 BGB befreien kann.

8.3.2 Das Innenverhältnis

Im Innenverhältnis ist die Geschäftsführungsbefugnis bis zur vollständigen Entziehung zulässig. Die zwingenden gesetzlichen Aufgaben der Geschäftsführer müssen in jedem Fall von diesen wahrgenommen werden.

Beispiel:
Die Aufstellung des Jahresabschlusses gemäß § 264 HGB, die Buchführung nach § 41 HGB, die Aktualisierung des Handelsregisters bei Personenänderung der Gesellschafter gemäß § 40 GmbHG und die Insolvenzantragspflicht nach § 64 GmbHG stellen solche Aufgaben dar.

Nach § 35 Abs. 1 GmbHG gilt grundsätzlich die Gesamtvertretung. Damit können im Regelfall mehrere Geschäftsführer die Gesellschaft nur gemeinsam vertreten, wobei im Gesellschaftsvertrag auch andere Regelungen möglich sind. Dies erscheint auch sinnvoll, um flexibel und schnell handeln zu können. Natürlich können auch andere Vertreter wie z. B. ein Prokurist zur Vertretung der Gesellschaft bestellt werden.

8.3.3 Die Bestellung eines Geschäftsführers

Zum Geschäftsführer einer GmbH kann jede natürliche, unbeschränkt geschäftsfähige Person bestellt werden, § 6 Abs. 2 GmbHG. Des Weiteren ist dafür Voraussetzung, dass die betreffende Person nicht wegen einer Insolvenzstraftat verurteilt oder ihr durch vollziehbare Verwaltungsentscheidung oder durch gerichtliches Urteil die Befähigung zur Geschäftsführertätigkeit entzogen worden ist. Bei der Bestellung zum Geschäftsführer handelt es sich nicht um ein Vertragsverhältnis sondern um einen Organisationsakt, der von der Gesellschafterversammlung ausgeführt wird. Der Geschäftsführer kann jederzeit abberufen werden, falls das notwendige Vertrauensverhältnis zwischen der Gesellschafterversammlung und ihm nicht mehr besteht. Der regelmäßig parallel bestehende Dienstvertrag ist von der Bestellung völlig unabhängig.

Hinweis:
Für den Dienstvertrag gelten die Kündigungsvorschriften des BGB bzw. des entsprechenden Vertrages. In § 621 BGB ist die ordentliche Kündigung und in § 626 BGB ist die außerordentliche Kündigung geregelt.

Die Bestellung und die Abberufung des Geschäftsführers sind in das Handelsregister einzutragen. Genauso wie bei der Prokura entfaltet die Eintragung keine konstitutive Wirkung, denn die Bestellung und Abberufung des Geschäftsführers ist sofort wirksam.

8.3.4 Die Gründung der GmbH

Sofern der Gesellschaftsvertrag durch Bevollmächtigte unterzeichnet werden soll, muss diese „Gründungsvollmacht" notariell beurkundet oder beglaubigt sein. Der Umfang der Prokura gemäß § 49 Abs. 1 HGB erstreckt sich auch auf die Mitwirkung von Prokuristen bei der Gründung, wobei natürlich der vertretene Kaufmann Anteile an der zu gründenden GmbH übernehmen muss.

Hinweis:
Die Vorlage eines beglaubigten Handelsregisterauszugs, aus dem sich die Vertretungsbefugnis ergibt, ist für den Nachweis der Gründungsvollmacht ausreichend.

8.3.5 Sonderregelungen im Rahmen der Erteilung und des Widerrufs der Prokura

Zum Aufgabenkreis der Gesellschafter gehört gemäß § 46 Nr. 7 GmbHG die Bestellung von Prokuristen und von Handlungsbevollmächtigten zum gesamten Geschäftsbetrieb. Besonders zu erwähnen ist, dass nach § 47 Abs. 4 GmbHG der Gesellschafter, welcher zum Prokuristen bestellt werden soll, nicht von der Beschlussfassung ausgeschlossen ist, sondern bei seiner eigenen Wahl zum Geschäftsführer mitstimmen kann. Die Geschäftsführer haben die Aufgabe, die Bestellung auszusprechen. Im Gesellschaftsvertrag kann geregelt werden, dass die Geschäftsführer von einer Weisung freigestellt werden können.

Es ist zwischen Innenverhältnis und Außenverhältnis zu differenzieren. Lediglich im Innenverhältnis ist die Bindung der Geschäftsführer an die Weisung der Gesellschafter gültig. Im Außenverhältnis ist die Erteilung der Prokura durch die nach § 37 Abs. 2 GmbHG unbeschränkte und unbeschränkbare Vertretungsbefugnis der Geschäftsführer gedeckt. Durch den oder die Geschäftsführer ist die Prokura zur Eintragung in das Handelsregister anzumelden, § 35 Abs. 2 GmbHG.

Nach der Rechtsprechung des Bundesgerichtshofs (BGHZ 62, 166, 169) ist nur entscheidend, dass die Prokura wirksam erteilt wurde, so dass im Rahmen des Registerverfahrens nicht überprüft wird, ob der erforderliche Beschluss im Innenverhältnis vorliegt. Während die Erteilung der Prokura im Kompetenzbereich der Gesellschafter liegt, haben die Geschäftsführer das Recht zum Widerruf der Prokura. Durch eine entsprechende Satzung kann auch etwas anderes geregelt werden, wobei auch bestimmte Weisungen grundsätzlich möglich sind.

8.3.6 Die unechte Gesamtvertretung

Eine unechte Gesamtvertretung, d. h. die Gesamtvertretung zwischen einem gesamtvertretungsberechtigten Geschäftsführer und einem Prokuristen, ist bei der GmbH nicht vorgesehen.

Dennoch hat der Bundesgerichthof (BGHZ 13, 61, 64) im Rahmen seiner Rechtsprechung anerkannt, dass eine Gesamtvertretung durch eine Vertretung gemeinschaftlich mit einem Prokuristen möglich ist. Maßgebend für den Umfang der Gesamtvertretungsmacht ist die Vertretungsmacht des Geschäftführers, denn der Prokurist wird als eine Art von „Ersatz" für den gesamtvertretungsberechtigten Geschäftsführer tätig.

Währenddessen kann der alleinvertretungsberechtigte Geschäftführer nicht im Rahmen einer Gesamtvertretungsmacht an den Prokuristen gebunden werden, denn ansonsten würde die gesetzliche Vertretungsmacht unzulässig eingeschränkt werden. Folglich besteht auch keine gesetzliche Vertretung mehr, falls einer von zwei gesamtvertretungsberechtigten Geschäftsführern wegfällt.

Hinweis:
Durch die Eintragung und Bekanntmachung der unechten Gesamtvertretung in das Handelsregister wird der Rechtsverkehr ausreichend geschützt.

Ein Kredit aus dem Gesellschaftsvermögen darf weder den Geschäftsführern, anderen gesetzlichen Vertretern, Prokuristen noch den zum gesamten Geschäftsbetrieb ermächtigten Handlungsbevollmächtigten aus dem zur Erhaltung des Stammeskapitals (§ 30 Abs. 1 GmbHG) erforderlichen Vermögen der Gesellschaft gewährt werden, § 43a GmbHG. Es handelt sich bei dieser Vorschrift um zwingendes Recht.

8.4 Die GmbH & Co. KG

8.4.1 Allgemeine Ausführungen zur GmbH

Siehe oben bei der GmbH.

8.4.2 Sonderregelungen im Rahmen der Erteilung und des Widerrufs der Prokura

Die GmbH & Co. KG gehört zu den Personenhandelsgesellschaften. Die Besonderheit bei dieser Gesellschaftsform besteht darin, dass die GmbH als Komplementärin die gesetzliche Vertretung der KG wahrnimmt.

Es ergeben sich hieraus folgende Problemkonstellationen:

8.4.3 Gesamtprokura zwischen dem Prokuristen der KG und der GmbH

Für eine Personengesellschaft kann die Prokura auch als so genannte gemischte Gesamtprokura erteilt werden, so dass der Prokurist nur gemeinschaftlich mit einem vertretungsberechtigten Gesellschafter handeln kann, so die herrschende Meinung (BayOLG NJW 1994, 2965). Dies hat die rechtliche Folge, dass sie KG durch die GmbH als Komplementärin gemeinsam mit einem Prokuristen vertreten werden kann.

8.4.4 Gesamtprokura zwischen dem Prokuristen der KG und einem Geschäftsführer

Nach obergerichtlicher Rechtsprechung (BayOLG NJW 1994, 2965, HansOLG Hamburg GmbHR 1961, 128) ist eine Gesamtprokura zwischen dem Prokuristen der KG und dem Geschäftsführer der GmbH nicht zulässig, da es sich bei dem Geschäftsführer der GmbH um einen außenstehenden Dritten handelt. Dieses Problem kann umgegangen werden, indem der Geschäftsführer der GmbH zugleich zum Prokuristen der KG bestellt wird. Der Konstellation Erteilung der Prokura an den GmbH-Geschäftsführer widerspricht nicht das Prinzip des Ausschlusses von organschaftlicher und rechtsgeschäftlicher Vertretungsmacht, denn schließlich vertritt der Geschäftsführer die GmbH und nicht die KG. Von obergerichtlicher Rechtsprechung (BayOLG DB 1980, 2232; OLG Hamm DB 1973, 567) wird diese Prokura als zulässig angesehen.

Hinweis:
In der Praxis ist zu beachten, dass wenn die GmbH als Komplementärin die KG vertritt, muss dies auch bei der Unterschrift ersichtlich sein.

Dabei macht es keinen Unterschied, ob die GmbH durch den Geschäftsführer oder durch einen Prokuristen vertreten wird, in jedem Fall ist bei der Unterschrift der Name der Komplementärin anzugeben. Des Weiteren müssen darunter auch die Unterschriften der vertretungsberechtigten Personen aufgeführt sein. Sofern die Prokuristen der GmbH und der KG identisch sind, muss die GmbH nicht genannt werden, da die Prokuristen unmittelbar für die KG tätig werden.

Hinweis:
In der Praxis werden diese Formalitäten oft nicht beachtet und es unterschreiben lediglich der Geschäftsführer der GmbH und ein Gesamtprokurist. Es handelt sich hierbei lediglich dann um eine korrekte Zeichnung, wenn der Geschäftsführer zugleich auch Prokurist der GmbH & Co. KG ist.

9. Die Aktiengesellschaft

9.1 Allgemeine Ausführungen zur AG

Die Aktiengesellschaft ist eine Gesellschaft mit eigener Rechtspersönlichkeit, § 1 Abs. 1 S. 1 AktG. Für die Verbindlichkeiten der Gesellschaft haftet den Gläubigern nur das Gesellschaftsvermögen, § 1 Abs. 1 S. 2 AktG.

9.2 Die Organe der Aktiengesellschaft

Die Aktiengesellschaft als juristische Person bedarf, um handeln zu können, bestimmter Organe. Dabei handelt es sich um den Vorstand, den Aufsichtsrat und die Hauptversammlung.

9.2.1 Der Vorstand

Der Vorstand als Leitungsorgan der AG führt die Geschäfte, § 76 AktG und vertritt die Gesellschaft gerichtlich und außergerichtlich, § 78 AktG. Grundsätzlich haben sich die Vorstandsmitglieder um alle Angelegenheiten der Gesellschaft zu kümmern. Insbesondere haben sie die Angestellten zu beaufsichtigen, die die Geschäftsführungsaufgaben erledigen.

Daneben hat der Vorstand sich noch um die Ausführung der Hauptversammlungsbeschlüsse, § 83 Abs. 2 AktG, die Berichterstattung an den Aufsichtsrat, § 90 AktG, die Führung der Handelsbücher, § 91 AktG sowie die Aufstellung und Vorlegung des Jahresabschlusses und des Geschäftsberichts, § 148 AktG zu kümmern.

Die Vorstandsmitglieder werden vom Aufsichtsrat auf höchstens fünf Jahre bestellt, § 84 Abs. 1 AktG. Das Vorstandsmitglied steht in einem Organverhältnis zur AG. Das Vorstandsmitglied wird mittels privatrechtlichem Dienstvertrag nach § § 611, 675 BGB angestellt. Die Vertragspartner sind das Vorstandsmitglied und die Aktiengesellschaft, die durch den Aufsichtsrat vertreten wird.

Nach der Rechtsprechung des Bundesgerichtshofs (BGHZ 12, 1, 8) sind sie Vorstandsmitglieder nicht Angestellte im arbeitsrechtlichen Sinne. Sie üben kraft ihrer Organstellung die Arbeitgeberfunktion aus. Es ist wegen der Kontrollfunktion nicht möglich, dass ein Aufsichtsratsmitglied gleichzeitig Mitglied des Vorstandes ist, denn ansonsten kommt der Aufsichtsrat nicht seiner Aufgabe nach, die Geschäftsführung des Vorstandes zu überwachen, § 105 AktG.

Des Weiteren kann der Aufsichtsrat die Bestellung zum Vorstandsmitglied aus wichtigem Grund jederzeit widerrufen. Es muss sich hierbei um eine grobe Pflichtverletzung im Sinne des § 84 Abs. 3 AktG handeln. Durch den Widerruf wird die Organstellung des Vorstandsmitglieds beseitigt, während der Anstellungsvertrag gekündigt werden muss. Unter Umständen kann im Widerruf jedoch die schlüssige Erklärung einer außerordentlichen Kündigung liegen. Die Vorstandsmitglieder haften persönlich gegenüber der Aktiengesellschaft, so dass sie einen Schadensersatzanspruch gegen ein oder mehrere Vorstandsmitglieder haben kann, § 93 Abs. 2 AktG.

Beispiel:
Aufgrund einer durch Bestechung verursachten Fehlentscheidung des Vorstandes verliert die AG bei einem Projekt 5 Millionen Euro. Die AG – vertreten durch den Aufsichtsrat – kann Schadensersatz von den Vorstandsmitgliedern als Gesamtschuldner verlangen.

9.2.2 Der Aufsichtsrat

Der Aufsichtsrat stellt das eigentliche Kontrollorgan der Aktiengesellschaft dar. Er ist das zur sachverständigen Kontrolle der Geschäftsleitung berufene Organ. Der Aufsichtsrat übt grundsätzlich einen wesentlichen Einfluss auf die Gesellschaft aus – wegen seiner personalpolitischen Befugnisse und der Tatsache, dass in Aktiengesellschaften wichtige Maßnahmen des Vorstandes der Zustimmung des Aufsichtsrates bedürfen, § 111 Abs. 4 S.2 AktG.

Die Hauptaufgaben des Aufsichtsrats sind die Bestellung und die Abberufung des Vorstandes, § 84 AktG, und die Überwachung der Geschäftsführung durch den Vorstand, § 111 AktG. Die Aufsichtsräte der vom Mitbestimmungsgesetz erfassten Unternehmen bestehen zur Hälfte aus Vertretern der Anteilseigner und der Arbeitnehmer. Es gibt auch Aufsichtsratsmitglieder, die gemäß § 101 Abs. 2 AktG weder nach dem Mitbestimmungsrecht gewählt noch entsandt werden, sie werden dann von der Hauptversammlung gewählt nach § 101 Abs. 1 AktG. Nach § 103 Abs. 1 AktG kann dieses Aufsichtsratsmitglied vor Ablauf der Amtszeit von der Hauptversammlung mit der Mehrheit von mindestens drei Viertel der abgegebenen Stimmen abberufen werden, sofern in der Satzung nichts anderes geregelt wird.

Hinweis:
Um eine wirksame Aufgabenerfüllung zu gewährleisten, dürfen die Aufsichtsratsmitglieder weder dem Vorstand angehören noch leitende Angestellte der AG sein, § 105 AktG.

9.2.3 Die Hauptversammlung

Im Rahmen der Hauptversammlung der AG üben die Aktionäre ihre Rechte aus. Sie ist ein Organ der Aktiengesellschaft, das über die Aufgabe der internen Willensbildung im gesetzlich vorgeschriebenen Zuständigkeitsbereich verfügt. Die Entscheidungsbefugnisse der Hauptversammlung sind im Wesentlichen in § 119 AktG geregelt. Die Hauptversammlung trifft Beschlüsse über die Bestellung der Aktionärsvertreter im Aufsichtsrat, die Bestellung des Abschlussprüfers, die Verwendung des Bilanzgewinns, die Satzungsänderungen, Maßnahmen zur Kapitalbeschaffung und Kapitalherabsetzung sowie die Entlastung der Mitglieder des Vorstandes und des Aufsichtsrates.

9.3 Sonderregelungen im Rahmen der Erteilung und des Widerrufs der Prokura

Bei der Aktiengesellschaft ist für die Erteilung und den Widerruf der Prokura der Vorstand zuständig, da es sich hierbei um Geschäftsführungsmaßnahmen handelt. Interne Zustimmungsvorbehalte können durch Satzung oder den Aufsichtsrat einer AG angeordnet werden, § 111 Abs. 4 S. 2 AktG. Hierbei handelt es sich um einen rein internen Akt, so dass eine möglicherweise erforderliche Zustimmung nicht gegenüber dem Handelsregister nachgewiesen werden muss.

9.3.1 Die so genannte unechte Gesamtvertretung

Bei der Aktiengesellschaft kann auch durch Satzung die gemischte Gesamtvertretung im Sinne der so genannte unechten Gesamtvertretung angeordnet werden, d. h. eine Gesamtvertretung zwischen dem Prokuristen und einem Vorstandsmitglied, § 78 Abs. 3 S. 2 AktG. Maßgebend für den Umfang der Gesamtvertretung ist die organschaftliche Vertretungsmacht des Vorstandmitglieds und nicht der Umfang der Prokura gemäß § 49 HGB.

Hinweis:
Die Einzelvertretungsmacht eines Vorstandsmitglieds darf nicht durch die Anordnung gemischter Gesamtvertretung beschränkt werden.

Wenn ein Vorstandsmitglied wegfällt und nur noch ein gesamtvertretungsberechtigtes Vorstandsmitglied vorhanden ist, dann ist die Gesellschaft gesetzlich nicht mehr vertreten. Die Abwicklung einer Gesellschaft kann auch mittels einer gemischten Gesamtvertretung erfolgen, § 269 Abs. 3, Abs. 4 S. 2 AktG.

9.3.2 Die Kreditgewährung an den Prokuristen

Eine Aktiengesellschaft kann dem Prokuristen oder zum gesamten Geschäftsbetrieb ermächtigten Handlungsbevollmächtigten Kredit nur mit der Einwilligung des Aufsichtsrats gewähren, § 89 Abs. 2 S.1 AktG. Eine herrschende Gesellschaft darf Kredite an gesetzliche Vertreter, Prokuristen oder zum gesamten Geschäftsbetrieb ermächtigte Handlungsbevollmächtigte eines abhängigen Unternehmens nur mit Einwilligung des Aufsichtsrats, eine abhängige Gesellschaft darf Kredite an gesetzliche Vertreter, Prokuristen oder zum gesamten Geschäftsbetrieb ermächtigte Handlungsbevollmächtigte des herrschenden Unternehmens nur mit Einwilligung des Aufsichtsrats des herrschenden Unternehmens gewähren, § 89 Abs. 2 S.2 AktG. Gemäß § 89 Abs. 3 AktG gilt das Gleiche für Kredite an den Ehepartner, Lebenspartner, an ein minderjähriges Kind eines Vorstandsmitglieds, eines anderen gesetzlichen Vertreters, eines Prokuristen oder zum gesamten Geschäftsbetrieb ermächtigter Handlungsbevollmächtigter oder Dritte, die für Rechnung dieser Personen, des Prokuristen oder des Handlungsbevollmächtigten handeln, § 89 Abs. 3 AktG. Der Schutzzweck dieser Vorschrift ist die Schaffung von Transparenz und der Vorbeugung von Missbräuchen.

Hinweis:
Wenn die Gesellschaft als Finanzdienstleister oder Bank dem Gesetz über das Kreditwesen unterfällt, sind die Vorschriften dieses Gesetzes gemäß § 89 Abs. 6 AktG anzuwenden.

9.3.3 Das Aufsichtsratsmitglied

Die Aufsichtratsmitglieder können nicht gleichzeitig Vorstandsmitglied oder dessen dauernder Stellvertreter, Prokurist oder zum gesamten Geschäftsbetrieb ermächtigter Handlungsbevollmächtigter der AG sein, § 105 Abs. 1 AktG. Auch die Generalvollmacht umfasst eine solche Generalhandlungsvollmacht, mit der Folge, dass die Inkompatibilität auch für den Generalbevollmächtigten gilt. Ansonsten ist es irrelevant, ob interne Vollmachtbeschränkungen bestehen.

Für den Fall, dass ein Prokurist in den Aufsichtsrat gewählt wird, muss er sich zwischen der Annahme des Aufsichtsratsmandats und dem Verzicht auf die Prokura oder Handlungsvollmacht („Prokuristensperre“) entscheiden. Wenn der Prokurist die Wahl in den Aufsichtsrat annimmt, muss die ihm erteilte Prokura von der Unternehmensleitung widerrufen werden, da sie nicht automatisch erlischt. Wenn die Unternehmensleitung dies ablehnen sollte, ist ein Grund für die Niederlegung der Prokura gegeben. Falls die Prokura bis zum Amtsantritt als Aufsichtsratsmitglied nicht erloschen ist, ist die Bestellung zum Aufsichtsratsmitglied nichtig.

Sofern von vorneherein die unzulässige Verknüpfung von Aufsichtsrat und Prokura beabsichtigt wurde, sind die Bestellung zum Aufsichtsratsmitglied gemäß § 150 Abs. 1 Nr. 4 AktG analog und der entsprechende Wahlbeschluss nichtig. Aufgrund dieser unzulässigen Verknüpfung ist auch die Bevollmächtigung des Aufsichtsratsmitglieds wegen Verstoßes gegen ein gesetzliches Verbot nach § 134 BGB nichtig. In der Regel ist jedoch von der Wirksamkeit der Vollmacht auszugehen sein, wenn die Mitgliedschaft im Aufsichtsrat durch Niederlegung oder Abberufung endet.

In diesem Zusammenhang stellt sich die Frage, ob die Gesellschaft rechtlich verpflichtet werden kann, wenn die betreffende Person Vertretungshandlungen vornimmt, obwohl die Prokura noch nicht wirksam ist. Aus § 105 AktG ergibt sich zwingend, dass ein Aufsichtsratsmitglied nicht zugleich Vorstandsmitglied, dauernd Stellvertreter von Vorstandsmitgliedern, Prokurist oder zum gesamten Geschäftsbetrieb ermächtigter Handlungsbevollmächtigter der Gesellschaft sein kann. Da es sich bei § 105 AktG um eine zwingende Vorschrift handelt, kommt eine Genehmigung des Vertretergeschäfts gemäß § 177 Abs. 1 BGB nicht in Betracht. Lediglich unter dem Aspekt der Rechtscheinhaftung ist eine Verpflichtung der Gesellschaft zum Schutz des Geschäftspartners anzunehmen.

Eine andere Ansicht kommt zu dem Schluss, dass der Verstoß gegen § 105 Abs. 1 AktG zu einer unheilbaren Nichtigkeit der Rechtshandlung führt, mit der Konsequenz, dass eine rechtliche Verpflichtung nach den Grundsätzen der Duldungs- und Anscheinsvollmacht ausgeschlossen ist. Der Dritte könnte möglicherweise lediglich Schadensersatzansprüche gegen die Gesellschaft geltend machen. § 6 Abs. 2 MitbestG (Mitbestimmungsgesetz) sieht eine Sonderregelung vor, wonach der Prokurist nur dann nicht als Arbeitnehmervertreter in den Aufsichtsrat gewählt werden kann, falls er dem Vorstand unmittelbar unterstellt ist und sich die Befugnis zur Ausübung der Prokura auf den gesamten Geschäftsbereich erstreckt.

Es können folglich nur solche Prokuristen gewählt werden, deren Zuständigkeitsbereich sich auf einzelne Niederlassungen, Geschäftsbereiche oder Tätigkeitsbereiche beschränkt. Des Weiteren stellt sich die Frage, ob auch die Mitgliedschaft in einem zwingend zu bildenden Aufsichtsrat gemäß § 4 MitbestG der Komplementär-GmbH und die Stellung als Prokurist der KG nur beschränkt möglich ist.

Zu beachten ist in diesem Zusammenhang, dass bei der GmbH & Co. KG eine strikt organisatorische Trennung zwischen der GmbH und der KG gegeben sein muss.

Im Gegensatz dazu ist zu beachten, dass der Prokurist, der den Weisungen des Geschäftsführers untersteht, auch möglicherweise einem Interessenskonflikt unterliegen kann; vergleichbar mit der Situation des Prokuristen einer GmbH. Die Unvereinbarkeit der beiden Funktionen wird überwiegend angenommen.

10. Die Genossenschaften

Nach § 1 1.HS GenG handelt es sich bei Erwerbs- und Wirtschaftsgenossenschaften um Gesellschaften von nicht geschlossener Mitgliederzahl, die die Förderung des Erwerbs oder der Wirtschaft ihrer Mitglieder mittels gemeinschaftlichen Geschäftsbetriebs bezwecken.

10.1 Allgemeine Ausführungen

In der Regel beginnt die Errichtung einer Genossenschaft damit, dass sich mindestens sieben Gründer auf ein Statut einigen, dessen Mindestinhalt gesetzlich festgelegt ist, § § 6, 7 GenG. Danach werden Vorstand und Aufsichtsrat gewählt. Die drei Organe der Genossenschaft sind der Vorstand, der Aufsichtsrat und die Generalversammlung. Die eingetragene Genossenschaft ist als juristische Person zu qualifizieren. Des Weiteren gilt sie nach § 17 Abs. 2 GenG als Kaufmann im Sinne des Handelsgesetzbuchs, soweit sich nichts anderes aus dem GenG ergibt. Den Gläubigern der Genossenschaft haftet nur das Vermögen der Genossenschaft, § 2 GenG, und nicht die Mitglieder mit ihrem Privatvermögen. Im Gegensatz zur Aktiengesellschaft können bei der Genossenschaft in den Vorstand und in den Aufsichtsrat nur Genossen gewählt werden, § 9 Abs. 2 GenG. Nach § 13 GenG erlangt eine Genossenschaft ihre Rechtsstellung als eingetragene Genossenschaft mit der Eintragung in das Genossenschaftsregister.

10.1.1 Der Vorstand

Dem Vorstand obliegt die Führung der Geschäfte der Genossenschaft und die Vertretung nach außen. Er wird von der Generalversammlung gewählt, sofern das Statut keine andere Regelung enthält, § 24 Abs. 2 GenG. Die eingetragene Genossenschaft wird in organschaftlicher Hinsicht durch den aus zwei Mitgliedern – sofern das Statut der Genossenschaft keine höhere Zahl vorschreibt, § 24 Abs. 1 und 2 GenG – bestehenden Vorstand vertreten, der von der Generalversammlung gewählt wird. Die Vorstandsmitglieder sind aktiv nur gesamtvertretungsberechtigt, § 25 Abs. 1 S. 1 GenG, soweit sich aus dem Statut nichts anderes ergibt, § 25 Abs. 1 S. 2 GenG. Des Weiteren besteht auch die Möglichkeit der gemischten Gesamtvertretung zwischen einem Vorstandsmitglied und einem Prokuristen der Genossenschaft.

10.1.2 Der Aufsichtsrat

Der Aufsichtsrat hat die Aufgabe, den Vorstand zu kontrollieren.

10.1.3 Die Generalversammlung

Die Generalversammlung ist das oberste Organ der Genossenschaft. Sie ist für die Wahl und Entlassung des Aufsichtsrats, die Entlastung des Vorstands, die Änderung des Statuts, die Entscheidung über den Jahresabschluss und den auf die Genossen entfallenden Betrag des Gewinns oder Verlustes, 48 GenG.

10.2 Sonderregelungen im Rahmen der Erteilung und des Widerrufs der Prokura

Die Genossenschaft kann auch Prokura gemäß § § 48 bis 53 HGB erteilen, wie in § 42 Abs. 1 GenG vorgesehen ist. Dem Vorstand obliegt die Erteilung der Prokura, wobei er im Innenverhältnis nach dem Statut der Genossenschaft an die Zustimmung des Aufsichtsrats möglicherweise gebunden ist. Nach § § 42 Abs. 1 S.1, 2 GenG, 53 Abs. 1 S.1 HGB ist die Erteilung der Prokura in das Genossenschaftsregister einzutragen. Eine weitere Möglichkeit ist, dass die Genossenschaft Handlungsvollmacht erteilt, wobei über § 42 Abs. 2 GenG die Vorschrift des § 54 HGB anzuwenden ist.

11. Die Partnergesellschaft

Nach dem Partnergesellschaftsgesetz (PartGG) können sich Angehörige freier Berufe zu Partnergesellschaften zusammenschließen. Sie wird durch schriftlichen Gesellschaftsvertrag gegründet, § 3 Abs. 1 PartGG. Die Partnergesellschaft übt kein Handelsgewerbe aus, § 1 Abs. 1 PartGG, und verfügt nicht über die Kaufmannseigenschaft. Sie führt auch keine Firma, so dass die Partnergesellschaft auch nicht ins Handelsregister sondern in das Partnerschaftsregister eingetragen wird, § 7 Abs. 1 AktG. Diese Eintragung hat konstitutive Wirkung. Die Erteilung der Prokura ist für die Partnergesellschaft nicht möglich. Gemäß § 1 Abs. 1 S. 3 PartGG kann nur eine natürliche Person Partner sein, wobei jedoch die Partnerschaft Anteile an einer juristischen Person erwerben kann. Die Verbindlichkeiten der Partnerschaft sind ausschließlich solche der Gesellschaft und nicht der Gesellschafter. Jedoch haften die Partner den Gläubigern für Verbindlichkeiten der Partnerschaft mit ihrem Privatvermögen als Gesamtschuldner, § 8 Abs. 1 PartGG Die Haftung kann jedoch über § 8 abs. 2 PartGG dahingehend eingeschränkt werden, dass für berufliche Fehler nur diejenigen Partner haften, die tatsächlich mit der Bearbeitung eines Auftrags befasst waren. Im Hinblick auf das Innenverhältnis und die gesellschaftsrechtlichen Vertretungsbefugnisse finden die Vorschriften für offene Handelsgesellschaft Anwendung, da das PartGG auf diese verweist.

12. Die Private Company Limited by Shares (Ltd.)

12.1 Einführung

Bei der Private Company Limited by Shares, die in der Praxis einfach Limited (Ltd.) genannt wird, handelt es sich um eine englische Form einer Kapitalgesellschaft, die größte praktische Relevanz im deutschen Rechtsverkehr besitzt. Aufgrund ihrer Herkunft aus den besonders liberalen common law-Rechtsordnungen ist die Ltd. das von der GmbH entfernteste Regelungsmodell, was zu reichlich Konfliktpotential in Praxis führt.

Dies ist unter anderem darauf zurückzuführen, dass sie anderen Voraussetzungen und Formalitäten unterliegt, als die im Inland üblichen Kapitalgesellschaften. Die Vorteile einer Ltd. gegenüber einer GmbH sind vor allem, dass sie weder einem Mindestkapitalerfordernis unterliegt, noch eine anfängliche Einlagepflicht besteht. Außerdem kann die Gründung schnell, unbürokratisch und kostengünstig erfolgen. Des Weiteren genießen die Gründer bei der Gestaltung der Gesellschaftsstruktur weitgehend Freiheit und die Gründungsrechtsordnung verlangt keinen tatsächlichen Sitz im Herkunftsstaat der Gesellschaft.

Es ist jedoch zu beachten, dass sich die Vorteile einer Ltd. nur auf die Frühphase ihrer Existenz konzentrieren, ansonsten kommt es bei der Verwendung ausländischer Gesellschaftstypen auf Dauer zu einem erhöhten Beratungsbedarf als bei inländischen Gesellschaftstypen. Auch die besondere Gefahr für Gläubiger ist nicht zu unterschätzen.

Im Folgenden wird auf diese spezielle Form der Kapitalgesellschaft näher eingegangen.

12.2 Europarechtliche Vorgaben, insbesondere die Niederlassungsfreiheit gemäß Art. 43, 48 EGV

Die rechtliche Problematik im Hinblick auf die Ltd. ist insofern gegeben, als im Inland immer mehr Unternehmen in ausländischer Rechtsform auftreten und Fragen des ausländischen Gesellschaftsrechts in der Praxis an Bedeutung gewinnen. Des Weiteren kommt es zur Anwendung von Europarecht.

Der Europäische Gerichtshof (EuGH) hat sich im Rahmen der Entscheidungen Seegers (EuGH Rs. 79/85, Slg. 1986, 2375), Centros (EuGH Rs. C-212/97, Slg. 1997, I-1459), Überseering (EuGH Rs. C-208/00, Slg. 2002, I-9919), Inspire Art (EuGH Rs. C-167/01, NJW 2003, 3331) zur Niederlassungsfreiheit gemäß Art. 43, 48 EGV geäußert.

Nach neuerer Rechtsprechung des EuGH muss eine europäische Auslandsgesellschaft im Inland gesellschaftsrechtlich grundsätzlich nach ihrem Gründungsrecht behandelt werden. Hierzu zählen Gründung, Rechtsfähigkeit, körperschaftliche Verfassung, Geschäftsführung, Vertretung, Haftung der Organe, Umstrukturierung und die Beendigung der Auslandsgesellschaft.

12.3 Die Gründungsvoraussetzungen einer Ltd.

Im englischen Recht existiert eine Gesellschaft vor Abschluss des Gründungsvorgangs nicht und die Kategorie „Vorgesellschaft“ gibt es nicht. Falls dennoch jemand im Namen einer noch nicht existierenden Gesellschaft Verträge abschließt, wird der Vertreter persönlich verpflichtet. Die Parteien können jedoch diese persönliche Haftung explizit ausschließen. Eine Genehmigung des Vertrages durch die später gegründete Gesellschaft kommt nicht in Betracht, da ein Vertragsschluss nach englischem Recht voraussetzt, dass die Vertragsparteien existieren. Dies kann jedoch dadurch umgangen werden, dass der Vertrag mit der Gesellschaft neu geschlossen wird oder indem die Unterzeichnung des Vertrages erst seitens der Gesellschaft nach deren Gründung erfolgt.

Die Gründung einer englischen Gesellschaft erfolgt traditionell in zwei Dokumenten dem memorandum of association und den articles of association. Das wichtigere Dokument stellt das memorandum of association dar, das vor allem die Beziehungen der Gesellschaft nach außen wie z. B. Firma, Gegenstand und Haftungsbeschränkung regelt. Während die articles of association das Interne der Gesellschaft wie z. B. Leitungsbefugnisse, Stimmrechts- oder Übertragungsbeschränkungen betreffen.

12.3.1 Das Memorandum of association

Für die Gründung einer Ltd. ist zwingend das Gründungsdokument memorandum of association erforderlich. Sein Mindestinhalt ist in § 2 Company Act (CA) 1985 geregelt, wonach folgende Angaben notwendig sind: der Name der Gesellschaft mit dem Zusatz limited bzw. Ltd., ob der Satzungssitz (registered office) der Gesellschaft in England, Wales oder Schottland liegt, der Gegenstand (objects) der Gesellschaft, die beschränkte Haftung der Anteilseigner, die Aufteilung des Stammkapitals in Anteile und deren

Nennwert sowie die Zahl der von jedem Gründer erworbenen Anteile, wobei deren Mindestzahl pro Gründer 1 betragen muss.

Hinweis:
Das memorandum of association ist schriftlich zu formulieren und muss von jedem Gründer in Anwesenheit eines Zeugen unterschrieben werden.

Tipp:
Es empfiehlt sich, solche Regelungen, die nicht zwingend im memorandum of association zu treffen sind, in die articles of association aufzunehmen, da sie einfacher geändert werden können. Damit wird auch eine größere Flexibilität erreicht.

Jedoch dürfen alle über den gesetzlichen Mindestinhalt hinausgehenden, üblicherweise in den articles of association getroffenen Bestimmungen auch im memorandum of association geregelt werden.

Tipp:
Empfehlenswert ist, den Gegenstand der Gesellschaft im memorandum of association weit zu definieren, um Rechtsunsicherheit und Haftungsrisiken zu umgehen.

12.3.2 Die Articles of association

Die Gesellschaftsgründer können freiwillig die articles of association, einen das Innenverhältnis betreffenden Gesellschaftsvertrag, abschließen. Im Hinblick auf den Inhalt sind sie weitgehend frei. Es können Regelungen zu Stimmrechtsbeschränkungen, Mehrfachstimmrechte, Übertragungsbeschränkungen oder die Befugnisse der Gesellschafter getroffen werden.

Falls die Gründer der Gesellschaft keine besonderen articles of association geben, wird auf sie die in den Companies (Table A to F) Regulations 1985 geregelte Standardsatzung Table A angewandt. Darin sind Regelungen über das Kapital, die Ausgabe von Anteilszertifikaten, Anteilsübertragungsbeschränkungen, den Erwerb eigener Anteile, die Anteilseignerversammlung, Stimmrechte, die Zahl und Befugnisse der Geschäftsführer, Gewinnausschüttungen und die Auflösung der Gesellschaft enthalten.

Des Weiteren ist vorgesehen, dass zwei Geschäftsführer ernannt werden. Sofern dies nicht gewollt wird, muss Table A modifiziert und in der geänderten Version eingereicht werden. Die articles of association sind grundsätzlich frei änderbar, wobei eine Selbstverpflichtung der Gesellschaft, keine Änderung vorzunehmen, unwirksam ist. Die freie Änderbarkeit der articles of association kann jedoch durch das memorandum of association und Gesetz erfolgen, da sie in der Hierarchie darunter stehen. Im Allgemeinen verfügen die Gesellschafter über einen weiten Spielraum, was die Änderung der articles of association betrifft. Eine solche Änderung darf jedoch nicht offenkundig dem Interesse der Gesellschaft widersprechen.

12.3.3 Die Gründungsgesellschafter

Aufgrund der europarechtlichen Vorgaben im Rahmen der 12. Richtlinie (Richtlinie 89/667/EWG des Rates vom 21.12.1989 auf dem Gebiet des Gesellschaftsrechts betreffend Gesellschaften mit beschränkter Haftung mit einem einzigen Gesellschafter, ABl. L 395 vom 21.12.1989, S. 40 ff) und der damit im Recht des Vereinigten Königreichs erforderlichen Änderung des CA 1985 ist keine Mehrheit von Gründern oder Gesellschaftern mehr notwendig. Eine Ltd. kann auch einen einzigen Gesellschafter haben.

12.4 Der Erwerb der Rechtsfähigkeit

Formell erfolgt die Gründung einer Ltd. und damit auch ihr Erwerb der Rechtspersönlichkeit mit der Ausstellung des certificate of incorporation, das das Datum der Entstehung der Ltd. ausdrücklich nennt. Ab diesem Zeitpunkt existiert die Gesellschaft mit der Folge der beschränkten Haftung ihrer Gesellschafter und in ihrem Namen können Rechtsgeschäfte vorgenommen werden. Eine Erteilung des certificate of incorporation erfolgt dann, wenn alle gesetzlichen Gründungsvoraussetzungen erfüllt sind. Es müssen dem Gesellschaftsregister folgende Dokumente vorgelegt werden: das von allen Gründern unterschriebene memorandum of association, wobei die Unterschrift durch einen Zeugen zu beglaubigen ist, und die articles of association, sofern abweichende Regelungen im Hinblick auf Table A getroffen wurden. Eine Aufstellung der gegenwärtigen und früheren Namen, Adresse, Nationalität, des Berufs, anderer Geschäftsführungsämter und des Geburtsdatums des ersten oder der ersten Geschäftsführer und des Namens und der Adresse des ersten Sekretärs/Stellvertreter (secretary) der Ltd. sowie die schriftliche Zustimmung der Amtsträger zu ihrer Ernennung ist auch erforderlich. Ebenfalls bedarf es der Adresse des registered office sowie der eidesstattlichen Versicherung eines Rechtsanwalts (solicitor) oder eines ernannten Geschäftsführers oder Sekretärs, dass die Gründungsvoraussetzungen eingehalten wurden.

Es sind von den Gründern eine Eintragungsgebühr von £ 20 (im Jahr 2004) und für die Inkorporation am gleichen Tag £ 80 zu bezahlen. Der Gründungsvorgang kann innerhalb von 24 Stunden abgeschlossen sein.

12.5 Die Firma

Grundsätzlich sind die Gründer frei, einen Namen zu wählen, es sei denn, die Bezeichnung stellt eine Straftat dar oder die Bezeichnung ist anstößig oder die Ähnlichkeit mit einer bereits existierenden Gesellschaft ist zu groß. Gleiches gilt für sensible Begriffe wie z. B. Great Britain oder royal. Sie dürfen nur nach Rücksprache mit dem Gesellschaftsregister und bei Vorliegen eines berechtigten Grundes im Firmennamen geführt werden. Die „Firma" ist verpflichtet den Namenszusatz „limited" oder „Ltd." zu führen. Diese Pflicht zur Führung des Zusatzes bezieht sich nicht nur auf die Eintragung im Gesellschaftsregister, sondern auf den gesamten Geschäftsverkehr, vor allem auf den Schriftverkehr und auf alle von der Gesellschaft stammenden Dokumente.

Falls gegen diese Pflicht verstoßen wird, sind Geldbußen gegen die Gesellschaft oder ihre Verantwortlichen vorgesehen. Es kommt auch eine persönliche Haftung der handelnden Personen in Betracht, sofern die Gesellschaft die entsprechende Zahlungspflicht oder eine sonstige Pflicht nicht erfüllt.

Hinweis:
Vor Eintragung der Gesellschaft in das Gesellschaftsregister (Companies House), das eine Liste der bereits vergebenen Namen im Internet unter www.companieshouse.co.uk führt, wird eine Namensprüfung vorgenommen, damit eine zu große Ähnlichkeit mit bereits existierenden Gesellschaften vermieden wird. Unter der gleichen Adresse ist auch eine Liste mit den sensiblen Begriffen abrufbar.

12.6 Der Sitz der Gesellschaft

Jede Gesellschaft hat die Pflicht, einen Satzungssitz (registered office) zu haben, an den Mitteilungen gesandt werden können und den sie bei ihrer Gründung angibt. Die Gesellschaft ist jedoch nicht verpflichtet, an dem Satzungssitz auch ihren tatsächlichen Geschäftssitz zu nehmen. Der Satzungssitz ist vor allem eine Briefkastenadresse, die meistens von einem Rechtsanwalt oder einer Servicegesellschaft verwaltet wird.

Die Gesellschaft kann ihren Satzungssitz jederzeit ändern. Es bedarf lediglich einer Mitteilung an das Gesellschaftsregister. Nach § 10 (1) CA 1985 gibt es nur die Möglichkeit, den Satzungssitz in England, Wales oder Schottland zu wählen. Nach einhelliger Meinung (Davies, Gower and Davies, Principles of Modern Company Law, 7. Auflage 2003, S. 117) ist eine Verlegung eines einmal gewählten Satzungssitzes aus diesem Gebiet bzw. in das europäische Ausland nicht möglich. Diese Beschränkung der Niederlassungsfreiheit gemäß Art. 43, 48 EGV ist nach der Rechtsprechung des EuGH gerechtfertigt.

12.7 Die Stellvertretung bei der Ltd.

12.7.1 Die Organe der Ltd.

Eine Ltd. verfügt über die beiden Organe Gesellschafterversammlung und Geschäftsführer.

Die Gesellschafterversammlung

Sie stellt strukturell das oberste Organ der Ltd. dar, wobei jedoch in der Praxis die Geschäftsführer der Ltd. zwar an die Beschlüsse der Gesellschafter gebunden sind, aber die Gesellschafter meistens im Rahmen der Geschäftsführung nicht entscheidungsbefugt sind. Die Gesellschafter üben die Kontrolle über die Geschäftsführer indirekt durch ihr Wahlrecht und die Befugnis aus, die Bestellung der Geschäftsführer zu widerrufen. Des Weiteren müssen die Geschäftsführer in der Gesellschafterversammlung den Gesellschaftern den Jahresbericht und den Jahresabschluss vorlegen, so dass auch hier eine weitere Kontrollmöglichkeit seitens der Gesellschafter besteht. In die Zuständigkeit der Gesellschafterversammlung fallen auch Kapitalerhöhungen und -herabsetzungen, Entscheidungen über die Gewinnausschüttung und eventuelle Änderungen des memorandum und der articles of association.

Einmal im Jahr ist grundsätzlich eine Gesellschafterversammlung abzuhalten, wobei außerordentliche Gesellschafterversammlungen jederzeit stattfinden können.

Hinweis:
Bei so genannten Einmanngesellschaften genügt im Hinblick auf die Beschlussfähigkeit die Anwesenheit des einzigen Gesellschafters bzw. seines Vertreters, während bei sonstigen Gesellschaften mindestens zwei Gesellschafter anwesend oder vertreten sein müssen.

Bei ordentlichen Beschlüssen reicht eine einfache Mehrheit aus, während bei außerordentlichen oder speziellen Beschlüssen eine Dreiviertelmehrheit erforderlich ist.

Geschäftsführer

Ein einzelner Geschäftsführer (director) darf die Ltd. leiten. Der Umfang der Geschäftsführungsbefugnis und die Vertretungsmacht sind nicht zwingend gesetzlich geregelt, aber normalerweise weisen die articles of association diese Kompetenz komplett dem Geschäftsführer zu. Er darf die Gesellschaft umfassend gerichtlich und außergerichtlich vertreten und führt ihre Geschäfte. Folglich sind die articles of association das entscheidende Dokument, das die Kompetenz von Gesellschaftern und Geschäftsführern regelt. Die Frage, ob nun Einzel- oder Gesamtvertretungsmacht besteht, ergibt sich aus den articles of association, wobei ohne entsprechende Regelung mehrere Geschäftsführer nur gesamtvertretungsberechtigt sind.

Wenn die articles of incorporation die Vertretungsmacht des Geschäftsführers beschränken, so wirkt dies nur gegenüber Dritten, falls diese bösgläubig sind. Bösgläubigkeit liegt jedoch nicht schon vor, wenn der Dritte wusste, dass der Geschäftsführer seine ihm nach den articles zustehenden Befugnisse überschritt. Der gute Glaube des Dritten wird gesetzlich vermutet. Im Innenverhältnis hat der Geschäftsführer jedoch entsprechende Beschränkungen zu beachten. Meistens können die Gesellschafter keinen direkten Einfluss auf die Geschäftsführung nehmen, sondern sie können lediglich ihr Recht ausüben, den oder die Geschäftsführer zu bestellen oder abzuberufen.

In den articles of association können Reglungen dahingehend getroffen werden, dass der Geschäftsführer Anteile an der Gesellschaft zu halten bzw. zu erwerben hat (so genannte share qualification). Im letzteren Fall muss er die Anteile innerhalb von höchstens zwei Monaten nach Bestellung erwerben, § 293 (1) CA 1985. Gesetzliche Ausschlussgründe ergeben sich aus dem Company Directors Disqualification Act, wonach Pflichtverletzungen gegenüber einer Gesellschaft dem zuständigen Gericht die Befugnis eröffnen, den Geschäftsführer zu disqualifizieren. Nach dem englischen Rechtsverständnis ist der Geschäftsführer der agent der Gesellschaft. Ein solches Rechtsverhältnis ist nach common law unentgeltlich, so dass kein Anspruch auf Vergütung besteht, es sei denn, es wurde ein selbständiger Anstellungsvertrag abgeschlossen.

Der Geschäftsführer hat den Rahmen seiner Geschäftsführungsbefugnis einzuhalten, redlich zu handeln und den Vorteil der Gesellschaft über seine eigenen Interessen zu stellen. Im Verhältnis zur Gesellschaft trifft ihn eine strenge Treuepflicht (fiduciary duty).

Der Geschäftsführer ist weder berechtigt, Geschäftschancen der Gesellschaft oder aufgrund seiner Stellung erlangte Informationen für sich selbst noch sensible und preisrelevante Informationen für Insidergeschäfte zu nutzen. Ansonsten setzt er sich Schadensersatzansprüchen und strafrechtlicher Verfolgung aus.

Den Geschäftsführer trifft neben diesen Anforderungen eine Sorgfaltspflicht (duty of care). Der objektive Sorgfaltspflichtmaßstab sieht vor, dass der Geschäftsführer seine Aufgaben in einer Weise zu erfüllen hat, wie es den allgemein von einer Person in seiner Stellung zu erwartenden und seinen individuellen Fähigkeiten entspricht. Individuelles Sonderwissen des Geschäftsführers wird folglich berücksichtigt.

Der Sekretär

Jede Ltd. muss einen Sekretär (secretary) haben, dessen Aufgabe darin besteht, die verwaltungsmäßigen Abläufe der Ltd. zu steuern und zu überwachen, wie z. B. Buch- und Protokollführung, Einhaltung der Registrierungsvorschriften, Einberufung der Gesellschafterversammlungen. Es bestehen keine Qualifikationsanforderungen an seine Person dahingehend, dass es sich um einen Wirtschaftsprüfer oder Juristen handeln müsste. Der Sekretär darf jedoch nicht personengleich mit dem einzigen Geschäftsführer sein.

12.7.2 Die Haftung

Allgemeine Ausführungen

Eine Besonderheit bei der Ltd. ist, dass kein Mindestkapital vorgeschrieben ist. Über Stammkapital, d. h. die geldmäßig ausgedrückte Summe, bis zu der die Gesellschaft Anteile ausgeben darf, verfügt die Ltd. in jedem Fall, da das englische Recht wertlose Anteile nicht kennt.

Hinweis:
Gesellschaften mit einem Stammkapital von £ 2 sind weit verbreitet. Bei so genannten Einmanngesellschaften kann das Stammkapital auch 1 Penny betragen.

Die Gründer dürfen ihre Einlagen in Form von Geld- oder (unbewerteten) Sacheinlagen bzw. Dienstleistungsverpflichtungen erbringen. Des Weiteren ist darauf hinzuweisen, dass die Haftungsgrundlage einer Gesellschaft das so genannte issued share capital ist, also das tatsächlich gezeichnete Kapital, welches jedoch nicht eingezahlt sein muss. Die Ltd. haftet als rechtsfähige Person mit ihrem gesamten Vermögen für ihre Verbindlichkeiten. Sofern das memorandum of association einen entsprechenden Vermerk gemäß § 2 (3) CA 1985 enthält, haften die Gesellschafter nur beschränkt auf ihre Einlage. Für die Verbindlichkeiten der Ltd. haften die Geschäftsführer grundsätzlich nicht.

Die Gesellschafterhaftung

Eine darüber hinausgehende Haftung der Gesellschafter kommt im Einzelfall in Betracht (so genanntes lifting the corporate veil). Da es an einer gesetzlichen Regelung fehlt, ist das Fallrecht von Bedeutung. Bei der maßgebenden Entscheidung handelt es sich um Salomon v. Salomon & Co. Ltd. von 1897 (1897, Appeal Cases (Großbritannien) 22, House of Lords). Zusammenfassend ist zu erwähnen, dass das Prinzip der beschränkten Haftung durchbrochen wird, wenn eine Haftung gesetzlich wegen eines überragenden öffentlichen Interesses angeordnet ist. Eine Durchgriffshaftung kommt in Betracht, wenn die Gesellschafter die gesellschaftsrechtliche Form missbrauchen, um sich unberechtigte (Haftungs-) Vorteile zu verschaffen. Es ist noch anzumerken, dass die englischen Gerichte sehr zurückhaltend sind, einen Durchgriff auf die Gesellschafter zuzulassen, auch wenn die Gesellschaft total unterkapitalisiert war.

Die Geschäftsführerhaftung

Auch die Geschäftsführer haften grundsätzlich nicht für die Verbindlichkeiten der Gesellschaft. Sie haben jedoch im Fall der Krise besondere Anforderungen zu erfüllen. Falls die Geschäftsführer nicht erkennen oder fahrlässig nicht erkennen, dass die Gesellschaft in Insolvenz fallen wird und der Fall dann auch eintritt, haften sie bei der Insolvenzmasse auf Schaden und das zuständige Gericht kann Sanktionen verhängen (wrongful trading). Denn sie sind verpflichtet, das Risiko für die Gesellschaftsgläubiger zu minimieren, § 214 Insolvency Act 1986. Die Geschäftsführer müssen objektiv die für eine Person ihrer Stellung angemessene Sorgfalt angewendet haben, wobei ein eventuelles Sonderwissen zu ihren Lasten geht. Die Gerichte setzen den Zeitpunkt, ab dem eine Vermeidung der Insolvenz unvermeidlich erscheint, erst relativ spät an und räumen den Geschäftsführern einen gewissen Beurteilungsspielraum ein. § 214 Insolvency Act sieht eine Haftung der so genannten shadow directors vor. Es handelt sich hierbei um solche Personen, nach deren Anweisungen sich die Geschäftsführer richten.

Beispiel:
Banken, Muttergesellschaften oder Mehrheitsgesellschafter

Hinweis:
Eine Mehrheitsbeteiligung reicht für eine Haftung nicht aus, sofern kein Einfluss auf die Geschäftsleitung ausgeübt wird.

Die Haftung (aus wrongful trading) erstreckt sich auch auf die so genannten de facto directors. Das Handeln faktischer Geschäftsführer zeichnet sich dadurch aus, dass sie in einer Weise tätig werden, als ob sie wirksam bestellt worden wären, ohne das es darauf ankäme, ob eine unwirksame Bestellung erfolgt oder gar keine Bestellung erfolgt ist.

Des Weiteren ist noch die common law-Haftung der Geschäftsführer, die so genannte „directors´duties for the benefit of creditors“ zu erwähnen. Die exakten Tatbestandsmerkmale haben sich noch nicht abschließend entwickelt. Die Haftung ist funktionell den Grundsätzen des wrongful trading sehr ähnlich und trifft den Geschäftsführer, der in der Krise der Gesellschaft wirtschaftlich zu Lasten der Gläubiger deren Geschäftstätigkeit fortführt. Es kommt eine Schadensersatzpflicht gegenüber der Gesellschaft in Betracht.

Die Haftung für fraudulent trading ergibt sich aus § 213 Insolvency Act 1986. Voraussetzung ist die Auflösung der Gesellschaft. Nicht nur Geschäftsführer haften, sondern auch Beteiligte, die betrügerische Handlungen mit dem Ziel vornehmen, den Gesellschaftsgläubigern oder sonstigen Gläubigern zu schaden. Diese Vorschrift hat eine geringe praktische Bedeutung, da die hohe subjektive Schwelle der Betrugsabsicht faktisch nur schwer nachzuweisen ist. Das Gericht kann veranlassen, dass die haftenden Personen einen Beitrag zum Gesellschaftsvermögen leisten müssen, um die Ansprüche der betroffenen Gläubiger zu schützen oder sonstige ihm angemessene Anweisungen treffen.

13. Vollmachtmuster

13.1 Vollmacht bei Gesellschaften

VOLLMACHT

Hiermit bevollmächtigt Herr Max Maier Frau Marie Müller, Stadtstrasse 100, 79089 Freiburg, ihn in allen Rechtsangelegenheiten bezüglich seiner Beteiligungen an

- der Maier GmbH
- der Maier GmbH 6 Co. KG

vollumfänglich, soweit gesetzlich irgendwie möglich, zu vertreten.

Die Bevollmächtigte ist insbesondere berechtigt, ihn in Gesellschafterversammlungen der vorgenannten Gesellschaften zu vertreten, für ihn abzustimmen und Gesellschafterbeschlüsse jeglicher Art, auch Änderungen der Gesellschaftsverträge, zu fassen.

Die Bevollmächtigte ist ferner ermächtigt, Gesellschaftsanteile an den vorgenannten Gesellschaften zu erwerben und ganz oder teilweise an Dritte zu veräußern oder abzutreten. Die Bevollmächtigte ist von den Beschränkungen des § 181 BGB befreit und ermächtigt, Untervollmacht zu erteilen.

Freiburg, den…………….. ……………………………………

Unterschrift

Beurkundungsvermerk/Beglaubigungsvermerk

13.2 Gründungsvollmacht für eine Personengesellschaft

VOLLMACHT

Ich, Stefan Schmid, erteile hiermit Herrn Max Müller Vollmacht, mich bei Abschluss eines Gesellschaftsvertrages mit Herrn Moritz Meier über die Errichtung einer offenen Handelsgesellschaft unter der Firma Schmid & Meier oHG in jeder Weise und unter beliebigen Bestimmungen zu vertreten.

Der Bevollmächtigte ist auch zur Mitwirkung bei der Anmeldung der Gesellschaft zum Handelsregister befugt.

Ich zeichne meine Namensunterschrift unter die Angabe des Firmennamens zur Aufbewahrung bei dem Gericht wie folgt:

Schmid und Meier oHG

Stefan Schmid

Freiburg, den…………….. ……………………………………

Unterschrift

Beurkundungsvermerk/Beglaubigungsvermerk

13.3 Gründungsvollmacht für eine Aktiengesellschaft

VOLLMACHT

Ich, Stefan Schmid erteile Frau Paula Paulsen ohne jede Einschränkung Auftrag und Vollmacht, mich bei Gründung der Schmid-Aktiengesellschaft in Freiburg zu vertreten und für mich Aktien bis zum Nennbetrag von 200.000,– EUR zu übernehmen.

Die Bevollmächtigte ist von den Beschränkungen des § 181 BGB befreit.

Zur Übertragung der Vollmacht ist sie dagegen nicht berechtigt.

Freiburg, den................ ....

Unterschrift

Beurkundungsvermerk/Beglaubigungsvermerk

13.4 Gründungsvollmacht für eine GmbH

VOLLMACHT

Ich, Max Müller, bevollmächtige Herrn Torsten Hager, mich bei der Gründung einer Gesellschaft mit beschränkter Haftung unter der Firma Kälte GmbH in jeder Weise zu vertreten und für mich eine bar zu erbringende Stammeinlage von 10.000,– EUR zu übernehmen.

Mein Bevollmächtigter ist insbesondere befugt, einen Gesellschaftsvertrag unter beliebigen Bestimmungen abzuschließen. Von den Beschränkungen des § 181 BGB ist er befreit. Er kann diese Vollmacht auch auf andere übertragen.

Freiburg, den................ ....

Unterschrift

Beurkundungsvermerk/Beglaubigungsvermerk

13.5 Stimmrechtsvollmacht

VOLLMACHT

Ich, Max Müller, bevollmächtige Frau Martina Meier, für mich in der Gesellschafterversammlung der Farbenfabrik Bunt GmbH in Freiburg, die voraussichtlich am 12. Juni 2005 stattfindet, das Stimmrecht aus meinen Geschäftsanteilen auszuüben.

Sollte in der Gesellschafterversammlung eine Erhöhung des Stammkapitals beschlossen werden, so ist meine Bevollmächtigte auch befugt, für mich eine neue Stammeinlage bis zu 5.000,– EUR auf das zu erhöhende Stammkapital zu übernehmen.

Beschränkungen gelten für meine Bevollmächtigte nicht.

Freiburg, den................ ....

Unterschrift

Beurkundungsvermerk/Beglaubigungsvermerk

13.6 Inkassovollmacht

13.6.1 Variante 1:

INKASSOVOLLMACHT

Ich, Marie Müller, erteile Maja Meier die Vollmacht, für mich Rechungsbeträge ohne jede betragsmäßige Begrenzung einzuziehen und deren Erhalt rechtgültig zu bescheinigen.

Zur Gewährung von Stundungen ist die Bevollmächtigte nicht befugt.

Die Vollmacht ist nicht übertragbar und erlischt am 31. Dezember 2005, falls sie von mir nicht schriftlich verlängert wird.

Freiburg, den................ ....

Unterschrift

13.6.2 Variante 2:

INKASSOVOLLMACHT

Ich bevollmächtige hiermit meinen Angestellten, Herrn Paul Paulsen, für mein Handelsgeschäft unter der Firma Max Müller Rechnungsbeträge bis zur Höhe von 10.000,– EUR zu kassieren, bis zur gleichen Höhe Zahlungen jeder Art entgegenzunehmen und zu quittieren.

Herr Paulsen ist zur Bewilligung von Zahlungsfristen bis zu 4 Wochen befugt.

Herr Paulsen zeichnet Quittungen mit seinem Namen unter dem Zusatz „i. V.“.

Freiburg, den................ ....

Unterschrift

13.7 Vollmacht zum Forderungseinzug

VOLLMACHT

Ich, Marie Müller, erteile, Maja Meier Auftrag und Vollmacht, in meinem Namen alle Handlungen vorzunehmen, welche zur Geltendmachung, zur Sicherung und zum Einzug der mir gegen den Gaststättenbetreiber Gustav Gern in Karlsruhe aus der Maschinenlieferung vom 03. Februar 2005 zustehende Forderung mit 5000,– EUR Hauptsumme und Nebenleistungen erforderlich werden oder ihr als zweckmäßig erscheinen.

Insbesondere ist sie befugt, im Wege des Mahn-, Zwangsvollstreckungs-, Zwangsversteigerungs- und Zwangsverwaltungsverfahrens die Schuld beizutreiben, mich im Erbauseinandersetzungsverfahrens meines Schuldners zu vertreten, Insolvenzverfahren über dessen Vermögen zu beantragen, verschiedene Termine als meine Bevollmächtigte wahrzunehmen, Benachrichtigungen, Zustellungen, Eintragung und Löschung von Hypotheken oder Grundschulden und sonstigen grundbuchrechtlichen Rechten oder Vermerken zu bewilligen.

Sie ist ferner berechtigt, Verzichte auszusprechen, Vergleiche einzugehen sowie alle durch diesen Auftrag entstehenden, mich betreffenden Rechtsstreitigkeiten bis zu deren voller Erledigung zu verfolgen.

Ich erteile ihr zu diesem Zweck auch Prozessvollmacht nach § 81 ZPO.

Ferner ermächtige ich meine Bevollmächtigte, diese Vollmacht im Ganzen oder teilweise auf einen Dritte zu übertragen.

Freiburg, den................ ....

Unterschrift

13.8 Vollmacht eines gesamtvertretungsberechtigten Geschäftsführers oder Vorstandsmitglieds

VOLLMACHT

Als gesamtvertretungsberechtigte Vorstandsmitglieder der B-Bank Freiburg eG, 79100 Freiburg, erteilen wir, Stefanie Schmid, Bankkauffrau in Freiburg, und Maxi Müller, Bankkauffrau in Freiburg, uns gegenseitig Vollmacht in der Weise, dass jeder von uns die B-Bank Freiburg eG bei der Abgabe von Löschungsbewilligungen, Zahlungsbestätigungen, Freigabebewilligungen, Abtretungserklärungen, Berichtigungsbewilligungen und Rangrücktrittserklärungen für Grundpfandrechte, bei Zustellungen und Entgegennahme von Grundpfandbriefen und bei Stellung von jeglichen Anträgen an Grundbuchämter und Vollstreckungsgerichte allein vertreten kann.

Freiburg, den ....

B-Bank Freiburg eG

Stefanie Schmid

Maxi Müller

Beglaubigungsvermerk

13.9 Genehmigung durch weiteren Geschäftsführer

Herr Max Müller hat durch Vertrag vom 27. April 2005 das der Farben GmbH Bunt in Freiburg gehörende Grundstück Flurstück 248 der Gemarkung Freiburg Wald, Wiese 9a 8qm an Herrn Mathias Schmitt für 200.000,– EUR verkauft und aufgelassen, Urkundenrolle 178/2005 des Notars Weiher in Freiburg.

Als weiterer Geschäftsführer der genannten Gesellschaft – wir beide sind nur gemeinschaftlich vertretungsbefugt – genehmige ich diesen Verkauf mit Auflassung vollinhaltlich.

Freiburg, den…………….. ………………………………………

Unterschrift

13.10 Grundstückserwerbsvollmacht

VOLLMACHT

Ich, Paul Meier, erteile Max Müller hiermit Vollmacht und Auftrag, mich beim Erwerb des Grundstückes der Gemarkung Freiburg, Flurstück 5, Bauplatz an der Wiese 4 a 3 qm, Grundbuch Heft 9, Bestandsverzeichnis Nr. 7, in jeder Wiese zu vertreten.

Insbesondere hat der Bevollmächtigte das Recht:

1. einen formgerechten Kaufvertrag oder sonstigen Erwerbsvertrag über das Grundstück unter beliebigen Bestimmungen einschließlich Schuldübernahmen abzuschließen, die Auflassungserklärung abzugeben und entgegenzunehmen und meine Eintragung als Grundstückseigentümer zu beantragen,

2. die Einigung mit dem Verkäufer über die Begründung eines Grundpfandrechts beliebiger Art – auch in vollstreckbarer Form – für dessen Kaufpreisforderung zu treffen und die entsprechenden Eintragungen im Grundbuch zu bewilligen und zu beantragen; gleiches gilt gegenüber Banken und anderen Finanzierungsinstituten für Darlehen bis zur Höhe des Kaufpreises;

3. die Eintragung von Dienstbarkeiten, Reallasten und anderen dinglichen Rechten auf dem Kaufgrundstück zu bewilligen und zu beantragen;

4. die Berichtigung des Grundstücks zu betreiben, entsprechende Erklärungen abzugeben und Anträge beim Grundbuchamt zu stellen;

5. überhaupt alle zur Erfüllung des Kaufvertrages und zur Grundbuchänderung erforderlichen Erklärungen abzugeben und entgegenzunehmen;

6. Rechtsgeschäfte in meinem Namen mit Dritten als deren Vertreter vorzunehmen;

7. Auskünfte bei Behörden im Zusammenhang mit dem Erwerb einzuholen und mich bei Genehmigungs-, Vorkaufsrechts- und Steuerverfahren zu vertreten.

Der Bevollmächtigte kann diese Vollmacht im Ganzen oder für einzelne Geschäfte im Rahmen des Grundstückserwerbs auf einen Dritten übertragen.

Freiburg, den................ ....

Unterschrift

Beurkundungsvermerk/Beglaubigungsvermerk

13.11 Grundstücksveräußerungsvollmacht

13.11.1 Variante 1:

Ich, Paul Meier, erteile Max Müller Vollmacht, mich bei Veräußerung meines im Grundbuch von Freiburg Heft 9 Abt. I Nr.1 eingetragenen Grundstückes Gemarkung Freiburg, Flurstück 5, Bauplatz an der Wiese 4 a 3 qm, in jeder Wiese zu vertreten, insbesondere einen Kaufvertrag abzuschließen, die Auflassung vorzunehmen und alle Erklärungen abzugeben, die zur Eigentumsumschreibung auf den Käufer erforderlich sind.

Inkassovollmacht ist nicht erteilt.

Freiburg, den................ ....

Unterschrift

Beurkundungsvermerk/Beglaubigungsvermerk

13.11.2 Variante 2:

Ich, Paul Meier, erteile Max Müller hiermit Vollmacht, mich bei Veräußerung nachstehenden Grundstückes der Gemarkung Freiburg, Flurstück 5, Bauplatz an der Wiese 4 a 3 qm, Grundbuch Heft 9, Bestandsverzeichnis Nr. 7, in jeder Wiese zu vertreten.

Der Bevollmächtigte darf insbesondere,

1. einen Kaufvertrag oder einen sonstigen Vertrag unter beliebigen Bestimmungen abschließen, die Auflassung erklären, die Eintragung des Erwerbers als Grundstückeigentümer bewilligen und beantragen sowie den gesamten Kaufpreis für mich in Empfang zu nehmen;

2. die Einigung mit dem Käufer über die Bestellung eines Grundpfandrechts beliebiger Art für meine Kaufpreisforderung herbeiführen, die Eintragung dieses Rechts beantragen sowie den Grundpfandbrief in Empfang nehmen und dies bescheinigen;

3. Eintragungsbewilligungen jeder Art abgeben und entsprechende Eintragungsanträge stellen sowie Sicherungsabreden wegen Grundpfandrechten im Zusammenhang mit der Kaufpreisfinanzierung zu vereinbaren und den jeweiligen Eigentümer nach § 800 ZPO der sofortigen Zwangsvollstreckung zu unterwerfen;

4. Rechtsgeschäfte im meinem Namen mit sich selbst oder mit Dritten als deren Vertreter vornehmen;

5. die Vollmacht auf einen Dritten übertragen.

Freiburg, den................. ....

Unterschrift

Beurkundungsvermerk/Beglaubigungsvermerk

13.12 Bloße Auflassungsvollmacht

Ich, Paul Meier, erteile Max Müller Vollmacht, mich bei Veräußerung des im Grundbuch von Freiburg Heft 9 Abt. I Nr. 1 eingetragenen, von mir durch Vertrag vom 14. April 2005 (vgl. Urkunde des Notars Weiher, Freiburg, Urkundenrolle Nr. 269/2005) verkauften Grundstücks, Flurstück 2-765 qm) zu vertreten und die mir zur lastenfreien Eigentumsüberschreibung erforderlichen Erklärungen abzugeben.

Freiburg, den................. ....

Unterschrift

Beglaubigungsvermerk

13.13 Vollmacht zur Bestellung einer Hypothek oder Grundschuld

VOLLMACHT

Ich, Paul Paulsen erteile Frau Marie Maier die unwiderrufliche Vollmacht, mich bei Eintragung einer sofort vollstreckbaren Grundschuld oder Hypothek beliebiger Art und beliebigen Gläubigers bis zum Höchstbetrag von 100.000,– EUR nebst Zinsen und sonstigen Nebenleistungen bis höchstens 25 Prozent jährlich sonst unter beliebigen Bestimmungen an nächst offener Rangstelle auf meinem im Grundbuch von Freiburg Heft 9 Abt. I Nr.1 auf mich allein eingetragenen Grundstück der Gemarkung Freiburg Geb. 2 Am Waldesrand 4 18qm, in jeder Weise zu vertreten.

Die Bevollmächtigte kann insbesondere entsprechende Eintragungsbewilligungen abgeben, Rangrücktritte bewilligen und Anträge und Bewilligungen auch hinsichtlich vorgehender Grundpfandrechte erklären, mich der sofortigen Zwangsvollstreckung auch im Sinne des § 800 ZPO unterwerfen und die Sicherungserklärung abgeben.

Freiburg, den................ ....

Unterschrift

Beglaubigungsvermerk

C. Die persönlichen Vollmachten des Unternehmers

1. Die Vorsorgevollmacht

1.1 Vorbemerkung

Zum 01.07.2005 trat das Zweite Betreuungsänderungsgesetz (2. BtrÄndG) in Kraft. Im Hinblick auf die Vorsorgevollmacht ist neu geregelt, dass die anerkannten Betreuungsvereine im Einzelfall Personen bei der Errichtung einer Vorsorgevollmacht beraten können, § 1908 f Abs. 4 BGB. Des Weiteren ist nun die Vorsorgevollmacht in § 1901 a BGB ausdrücklich erwähnt.

1.2 Die typische Ausgangssituation

Herr A ist Inhaber eines mittelständischen Unternehmens. Er möchte, dass im Fall seiner körperlichen und geistigen Gebrechlichkeit rechtsverbindlich geregelt ist, dass die Tochter B befugt ist, seine geschäftlichen und persönlichen bzw. privaten Angelegenheiten wahrzunehmen und im Fall seines Todes unverzüglich das Unternehmen weiterzuführen.

1.3 Definition der Vorsorgevollmacht

Eine Vorsorgevollmacht wird für den Fall erteilt, dass der Vollmachtgeber geschäftsunfähig und betreuungsbedürftig wird. Die Wahrnehmung seiner rechtlichen Interessen ist ihm nicht mehr möglich. Im Klartext dient die Vorsorgevollmacht dazu, „in Zeiten geistiger Frische für den Fall der Gebrechlichkeit vorzusorgen."

1.4 Die Erteilung der Vorsorgevollmacht

1.4.1 Die Erteilung der Vorsorgevollmacht für vermögensrechtliche Angelegenheiten

Allgemeine Ausführungen

Die Vollmacht kann grundsätzlich formfrei erteilt werden, § § 167, 168 BGB. Der Vollmachtgeber muss im Zeitpunkt der Abfassung der Vollmacht sowohl volljährig als auch geschäftsfähig sein. Soweit die Vollmacht jedoch nur medizinische oder freiheitsbeschränkende Maßnahmen umfasst, reicht die Einsichtsfähigkeit des Vollmachtgebers aus.

Tipp:
Es ist im Interesse der Rechtssicherheit eine schriftliche Vollmacht zu empfehlen.

Hinweis:
Es ist sinnvoll, eine umfangreichere Vollmacht zu erteilen, da für sie ein erhöhter Beweiswert bezüglich der zu vermutenden Geschäftsfähigkeit des Vollmachtgebers sowie die Bank- und Grundbuchtauglichkeit für eine notarielle Beurkundung spricht.

Das Wirksamwerden der Vollmacht

Eine Vollmacht wird grundsätzlich mit ihrer Erstellung wirksam. Im Hinblick auf die Vorsorgevollmacht stellt sich jedoch die Frage, ob sie tatsächlich schon im Zeitpunkt ihrer Erstellung wirksam sein soll, da sie an sich erst eine in der Zukunft eintretende Versorgungsbedürftigkeit regeln will.

Es gibt verschiedene Möglichkeiten, dies zu bewirken. Die Vorsorgevollmacht entfaltet erst ihre Wirksamkeit, wenn ein ärztliches Attest über die Versorgungsbedürftigkeit oder die Geschäftsunfähigkeit des Vollmachtgebers vorgelegt wird. Bei einer notariellen Vorsorgevollmacht wird der Notar angewiesen, Ausfertigungen erst nach Vorlage eines oder mehrerer Atteste über die Versorgungsbedürftigkeit bzw. Geschäftsunfähigkeit des Vollmachtgebers zu erteilen.

Bei diesen beiden Modellen ist der Nachteil, dass möglicherweise im Außenverhältnis nicht erkennbar ist, ob die Vollmacht wirksam ist. Damit tritt ein Vakuum in der Versorgung des Vollmachtgebers ein, bis der Bevollmächtigte aufgrund der Vollmacht handeln kann. In der Praxis erweist es sich als schwierig, die Bedingung festzustellen, von deren

Eintritt die Wirksamkeit der Vollmacht abhängt. Folglich ist von den beiden Modellen abzuraten.

Der Vollmachtgeber hat die Möglichkeit, dass er einen vertrauenswürdigen Dritten einschaltet, der die Vollmachturkunde dem Bevollmächtigten erst mit Eintritt der Versorgungsbedürftigkeit oder Geschäftsunfähigkeit aushändigt. Als vertrauenswürdiger Dritter bietet sich z. B. der Hausarzt an.

Die Vollmachturkunde und ihre Rechtscheinwirkung

Eine dem Bevollmächtigten schriftlich erteilte Vollmacht entfaltet ihre Wirkung mit Vorlage gegenüber dem Geschäftspartner, § 172 Abs. 1 BGB. Es handelt sich hierbei um eine gesetzliche Rechtscheinhaftung, die auf das bewusste Inverkehrbringen der Vollmachturkunde durch den Vollmachtgeber abstellt, denn der Geschäftspartner darf auf den Inhalt der Vollmacht vertrauen. Nach der ständigen Rechtsprechung des Bundesgerichtshofs (BGH NJW, 1997, 312; NJW 1988, 697; NJW 1980, 698) ist erforderlich, dass die den Rechtschein erzeugende Vollmachturkunde selbst, d. h. in Urschrift oder bei einer notariell beurkundeten Vollmacht nach § § 45, 47 BeurkG in Ausfertigung dem Vertreter ausgehändigt und dem Dritten vorgelegt wird.

Hinweis:
Es genügen keine Fotokopien, einfache und selbst beglaubigte Abschriften, denn sie können in unbeschränkter Anzahl gefertigt werden, so der Bundesgerichtshof (BGH NJW 1988, 679), da keine Rückgabepflicht nach § 175 BGB besteht und nichts über den Verbleib der Urschrift und den Fortbestand der Vollmacht ausgesagt wird.

Die Vollmacht für Grundstücksgeschäfte

Die Vollmacht zum Abschluss eines formbedürftigen Vertrages im Sinne des § 313 BGB ist grundsätzlich formfrei, § 167 Abs. 2 BGB. Für einige Geschäfte ist jedoch erforderlich, dass die Unterschrift des Vollmachtgebers notariell beglaubigt oder die gesamte Urkunde notariell beurkundet wird.

Beispiele:
Erforderlich ist dies insbesondere bei der Vornahme von Grundstücksgeschäften und Erklärungen vor dem Grundbuchamt, Anmeldungen zum Handelsregister und andere gesellschaftsrechtliche Vorgänge, Erbausschlagungen und Ratengeschäfte über Verbrauchsgüter.

Falls die Vollmacht zur Abwicklung von Grundstücksgeschäften jedoch unwiderruflich erteilt wurde, ist sie formbedürftig, da sie bereits eine bindende Verpflichtung zum Erwerb oder der Veräußerung eines Grundstücks beinhaltet.

Hinweis:
Dies gilt auch für eine widerrufliche Vollmacht, wenn sie eine rechtliche oder tatsächliche Bindung des Vollmachtgebers zu einem Grundstücksgeschäft begründet.

Die Vollmacht für gesellschaftsrechtliches Handeln

Bei der Vollmachterteilung zu gesellschaftsrechtlichem Handeln sind die Formvorschriften bei Ausübung des Stimmrechts bei einer Aktiengesellschaft nach § § 134 Abs. 3, 135 AktG und der Unterzeichnung des Gesellschaftsvertrages durch Bevollmächtigte gemäß § 2 Abs. 2 GmbHG zu beachten.

2. Die Erteilung der Vorsorgevollmacht für persönliche Angelegenheiten

2.1 Allgemeine Ausführungen

Auch in diesem Fall ist die Erteilung einer Vorsorgevollmacht formlos möglich, denn das Gesetz sieht kein Formerfordernis vor. Ausreichend ist folglich eine Vollmacht, die regelt, dass die persönlichen Angelegenheiten durch einen Bevollmächtigten erledigt werden sollen. Eine Betreuerbestellung wäre dann subsidiär, § 1896 Abs. 2 S. BGB.

Die Geschäftsfähigkeit des Vollmachtgebers bei Erteilung ist ebenfalls eine zwingende Voraussetzung.

2.2 Die Vorsorgevollmacht mit Entscheidungsbefugnissen für ärztliche Maßnahmen und Unterbringung gemäß § § 1904, 1906 BGB

Die Vollmacht unterliegt dem Schriftformerfordernis, wenn sie mit der Entscheidungsbefugnis zur Einwilligung des Bevollmächtigten in Untersuchungen des Gesundheitszustandes, einer Heilbehandlung oder einem ärztlichen Eingriff – mit der begründeten Gefahr, dass der Betreute aufgrund der Maßnahme stirbt oder einen schweren und länger dauernden gesundheitlichen Schaden erleidet oder auch untergebracht wird – mit Freiheitsentziehung verbunden ist, § § 1904 Abs. 2, 1906 Abs. 5 BGB. Damit soll verhindert werden, dass eine solche Vollmacht voreilig erteilt wird.

Hinweis:
Bei der Feststellung des Umfangs der Vollmacht im Hinblick auf die Übertragung der Entscheidungsbefugnisse über freiheitsbeschränkende Maßnahmen oder solche der Gesundheitsfürsorge durch die Gerichte wird ein enger Maßstab angelegt. Ein solcher Entschluss muss sich spezifisch aus der Vollmacht ergeben. Bei einem allgemein gehaltenen Vollmachttext kann nicht zwingend davon ausgegangen werden, dass der Vollmachtgeber sich dieser Tragweite und Folge der Vollmacht in vollem Umfang bewusst war und diese Entscheidung auch so bewusst getroffen hat.

Hinweis:
Eine notariell beurkundete Vollmacht ist aufgrund ihrer Unbestimmtheit unwirksam, wenn sie dem Vertreter gestattet, den Vollmachtgeber „in allen persönlichen und vermögensrechtlichen Angelegenheiten zu vertreten", da aus ihr nicht ersichtlich ist, ob der Betroffene seiner Erklärung und ihrer weitreichenden Konsequenzen bewusst war. Eine solche Vollmacht kann die Anordnung der Betreuung zur Folge haben.

Tipp:
Bei Erteilung einer Vorsorgevollmacht für persönliche Angelegenheiten ist es ratsam, die einzelnen Bereiche so konkret wie möglich zu beschreiben und nicht eine abstrakte Formulierung zu wählen.

Des Weiteren ist eine enge Anlehnung an die gesetzliche Wortwahl bzw. die wörtliche Zitierweise empfehlenswert, um klar und deutlich sicherzustellen, dass der Betroffene bewusst und gewollt gerade auch in diesem Punkt Vollmacht erteilen wollte.

Hinweis:
Nicht ausreichend ist der Verweis in der Vollmachturkunde auf § § 1904, 1906 BGB.

Hinweis:
Eine umfassende Bevollmächtigung zur Vornahme von Rechtsgeschäften berechtigt den Bevollmächtigten gerade nicht, den Vollmachtgeber in den Bereichen Gesundheitsvorsorge und Bestimmung des Aufenthalts zu vertreten.

2.3 Die Auswahl des Bevollmächtigten

2.3.1 Die Auswahl des Bevollmächtigten unter dem Aspekt des Erforderlichkeitsgrundsatzes gemäß § 1896 Abs. 2 S. 2 BGB

Anforderungen an die Eignung der Person des Bevollmächtigten

Erforderlich ist, dass der Bevollmächtigte geeignet ist, den Vollmachtgeber zu vertreten.

Ist der Bevollmächtigte z. B. geschäftsunfähig, dann wird er als ungeeignet angesehen, so dass eine Betreuung erforderlich wird. Sie ist nach § 1896 Abs. 2 S. 2 BGB nur subsidiär, wenn die Angelegenheiten durch einen Bevollmächtigten gleich gut erledigt werden können.

Bei der Überprüfung, ob die Erforderlichkeit einer Betreuung gegeben ist, stehen dem Vormundschaftsgericht ausschließlich objektive Kriterien zur Verfügung. Die Interessen des Vollmachtgebers müssen konkret verletzt sein. Bloße Zweifel am Charakter oder an den intellektuellen Fähigkeiten des Bevollmächtigten – auch wenn sie nach dem bisherigen Lebenslauf berechtigt sein mögen – können nicht zur Erforderlichkeit der Betreuung führen. Es gilt zu beachten, dass der Bevollmächtigte vom Vollmachtgeber freiwillig ausgewählt wurde.

Gesetzlicher Ausschluss bestimmter Personen gemäß § 1896 Abs. 2 iVm § 1897 Abs. 3 BGB

Es stellt sich die Frage, ob nach § 1896 Abs. 2 iVm § 1897 Abs. 3 BGB als Bevollmächtigte alle Personen ausscheiden, die zu einer Anstalt, einem Heim oder sonstigen Einrichtungen, in denen der Vollmachtgeber untergebracht ist oder wohnt, in einem Abhängigkeitsverhältnis oder in einer engen Beziehung stehen.

In § 1896 Abs. 3 BGB ist regelt, dass grundsätzlich die Bevollmächtigung vor der Betreuung für die Fälle vorrangig ist, in denen die in § 1897 Abs. 3 BGB genannten Personen nicht Betreuer werden dürfen. Im Gegensatz zu § 1897 Abs. 3 BGB wurde in § 1896 Abs. 3 BGB nicht formuliert, dass dieser Personenkreis nicht zum Bevollmächtigten ernannt werden dürfe. Folglich kann nicht davon ausgegangen werden, dass der in § 1897 Abs. 3 genannte Personenkreis komplett ausgeschlossen sei, zum Bevollmächtigten ernannt zu werden und eine solche Vollmacht generell unwirksam sei.

Falls eine Person aus dem in § 1897 Abs. 3 BGB genannten Personenkreis Bevollmächtigter ist, ist die Bestellung eines Betreuers durch das Vormundschaftsgericht nicht zwingend. Die Voraussetzungen der Erforderlichkeit der Betreuerbestellung liegen möglicherweise nicht vor. Maßgebend für die Überprüfung ist der Zeitpunkt der Betreuungsbedürftigkeit. Wenn das Gericht zur der Überzeugung gelangt, dass die Bevollmächtigung den Interessen des Vollmachtgebers nicht zuwiderläuft, bedarf es keiner Betreuerbestellung. Folglich kann grundsätzlich eine in § 1897 Abs. 3 BGB aufgeführte Person zum Bevollmächtigten ernannt werden.

Hinweis:
Im Einzelfall kommt die Nichtigkeit der Vollmacht in Betracht, wenn sich die Heimleitung routinemäßig und in einem größeren Umfang als mit den Interessen des Heims zu vereinbaren wäre, Vollmachten erteilen und noch dazu die Aufnahme in das Heim von der Erteilung der Vollmacht abhängig macht und dahingehend Druck ausübt. Dies gilt auch für die Fälle, wenn eine unwiderrufliche Vollmacht erteilt wird oder wenn jegliche Kontrollen ausgeschlossen sind.

2.3.2 Die Auswahl des Bevollmächtigten im Hinblick auf Missbrauchsvermeidung

Eine sorgfältige Auswahl des Bevollmächtigten ist die beste Vorbeugung, um einen Missbrauch der Vollmacht zu verhindern. Um die Erfüllung des Willens des Vollmachtgebers zu gewährleisten, sollte es sich beim Bevollmächtigten um eine absolute Vertrauensperson handeln.

Die Grundvoraussetzungen für einen geeigneten Bevollmächtigten sind ein gegenseitiges und schon über einen längeren Zeitraum bestehendes Vertrauensverhältnis zwischen Vollmachtgeber und Bevollmächtigten und insbesondere bei Vollmachten im persönlichen Bereich die Kenntnis und das Verständnis der Grundeinstellung und der Wünsche des Vollmachtgebers sowie die Fähigkeit und die Zeit, die Wünsche des Vollmachtgebers gegenüber Dritten (z. B. gegenüber Ärzten und dem Vormundschaftsgericht) vertreten zu können.

Berücksichtigt werden sollte, dass es bei einem Bevollmächtigten aus der Verwandtschaft oder Freundeskreis des Vollmachtgebers möglicherweise bei gewissen Entscheidungssituationen zu Konflikten mit den eigenen Interessen kommen kann. Falls keine geeignete Person gefunden wird, sollte von einer Generalbevollmächtigung abgesehen werden.

3. Der Umfang der Vorsorgevollmacht

Entscheidend für den Umfang der Vertretungsmacht sind die Anordnungen des Vollmachtgebers.

Hinweis:
Die Vertretungsmacht kann bei einer Vorsorgevollmacht nicht mehr Befugnisse als eine entsprechende Betreuerbestellung umfassen. Höchstpersönliche Rechtsgeschäfte (z. B. Eheschließung, Testamentserrichtung) können auch bei Vorsorgevollmacht nicht übertragen werden.

3.1 Der Umfang der Vollmacht bei rechtsgeschäftlichen Angelegenheiten

3.1.1 Die post- und transmortale Vollmacht

Die postmortale Vollmacht wird erst mit dem Tod des Vollmachtgebers wirksam. Sie wurde zwar unter Lebenden erteilt, wobei sie erst mit dem Tod des Vollmachtgebers wirksam werden soll. Der Bevollmächtigte hat den Tod des Vollmachtgebers mittels Vorlage der Sterbeurkunde nachzuweisen.

Tipp:
Die postmortale Vollmacht kann auch in die Verfügung von Todes wegen aufgenommen werden, jedoch sollte sie aus Beweisgründen und zur Vorlage beim Grundbuchamt und Banken in einer gesonderten Urkunde erteilt werden. Es wäre sinnvoll, sie notariell beurkunden zu lassen.

Hinweis:
Bei der postmortalen Vollmacht gilt § 29 GBO.

Die postmortale Vollmacht erstreckt sich nur auf den Nachlass und nicht auf das Privatvermögen des Erben, da nur dieser selbst wirksam Vollmacht erteilen kann. Die transmortale Vollmacht gilt über den Tod hinaus. Charakteristisch bei der post- und transmortalen Vollmacht ist, dass der Bevollmächtigte auch nach Versterben des Vollmachtgebers unabhängig von Ermittlung und Willen des Erben sowie der Vorlage eines Erbscheins oder eines Testaments mit Eröffnungsvermerk rechtgeschäftlich tätig werden kann.

Die Konsequenz ist, dass aufgrund der von ihm eingegangenen Verträge Nachlassgegenstände aus dem Nachlass ausscheiden oder aber die Gegenleistungen in den Nachlass fallen. Der Bevollmächtigte kann auch unentgeltlich über Nachlassgegenstände verfügen. Des Weiteren kann er die gleichen Rechtsgeschäfte wie der Erblasser vornehmen. Entscheidend für den Umfang der Vollmacht ist das Innenverhältnis zwischen Vertreter und Erblasser und des späteren Verhaltens des Erben über den Umfang der Vollmacht. Ein außenstehender Dritter wird mangels Kenntnis davon ausgehen, dass die Vollmacht auf den Nachlass beschränkt ist.

3.1.2 Die post- und transmortale Kontovollmacht

Bei diesen beiden Vollmachtarten hat die Bank die ihr vom Bevollmächtigten erteilten Weisungen unverzüglich und vorbehaltlos auszuführen, da sie sich unter Umständen schadensersatzpflichtig macht. Falls die Verfügungsbefugnis des Bevollmächtigten nicht im Vollmachtformular geregelt und damit eine Einschränkung nicht erkennbar ist, ist der Umfang der Vertretungsmacht durch Auslegung zu ermitteln. Die Verfügungsbefugnis umfasst grundsätzlich nur die üblichen Kontovorgänge, so dass eine Kontoauflösung oder die Umwandlung in ein Einzelkonto nicht darunter fällt. Eine Ausnahme ist nur bei gegenseitiger Bevollmächtigung von Ehegatten möglich, denn hier soll gerade der Bevollmächtigte nach dem Tod des Kontoinhabers abgesichert sein. Folglich ist eine transmortale Vollmacht zwischen Ehegatten dahingehend auszulegen, dass der überlebende Ehegatte das Konto in ein Einzelkonto umwandeln kann.

Tipp:
Das Innenverhältnis sollte in der Vollmacht geregelt sein, um zukünftig Streit zu vermeiden. Falls im Rahmen einer bankeigenen Vollmacht das Innenverhältnis nicht geregelt ist, sollte diesbezüglich eine zusätzliche Reglung getroffen werden. Eine notarielle Kontovollmacht bietet eine größtmögliche Absicherung für den Vollmachtgeber und den Bevollmächtigten.

3.1.3 Die Vollmacht im Banken- oder Postverkehr

Falls der Vertreter zu Geschäften mit Banken ermächtigt wird, ist meistens eine nicht notariell beglaubigte oder nicht notariell beurkundete Urkunde nicht ausreichend, da viele der Banken aus Gründen der Identitätskontrolle nur Vollmachten auf bankeigenen Formularen oder notarielle Vollmachten anerkennen. Gleiches gilt auch für den Postverkehr, der nur eine gesonderte Postvollmacht akzeptiert.

Sofern die Vollmacht weder beurkundet noch die Unterschrift des Vollmachtgebers beglaubigt ist, muss zusätzlich eine gesonderte Bank- oder Postvollmacht auf den hierfür zur Verfügung stehenden Formularen erteilt werden.

Hinweis:
Falls hierbei auch nur eine Bank vergessen wird, zu der der Vollmachtgeber Geschäftsbeziehungen unterhält, kann allein deswegen eine Betreuerbestellung erforderlich werden.

3.1.4 Die Vollmacht und die Testamentsvollstreckung

Falls Vollmacht für einen späteren Testamentsvollstrecker erteilt werden soll, kann dies durch eine Kombination von Testamentsvollstreckeramt und Generalvollmacht erfolgen, um die Rechte des Testamentsvollstreckers zu erweitern. Vor Amtsbeginn kann der Testamentsvollstrecker aufgrund der bereits erteilten Vollmacht über den Nachlass verfügen und nach Amtsbeginn kann die erteilte Vollmacht die Befugnisse des Testamentsvollstreckers erweitern.

Es kommt folglich häufig zu einer Überschneidung der Aufgaben und Befugnisse des Testamentsvollstreckers. Nach der Rechtsprechung des Bundesgerichtshofs (BGH NJW 1962, 1718) kann ein durch postmortale Vollmacht Bevollmächtigter nicht durch die Anordnung einer Testamentsvollstreckung in seiner Verfügungsbeschränkung beschränkt werden. Beide Befugnisse bestehen isoliert nebeneinander. Durch die Ernennung eines Testamentsvollstreckers ändert sich nichts an der Rechtsstellung des Bevollmächtigten. Die postmortale Vollmacht eröffnet die Möglichkeit, dass sie jederzeit durch den Alleinerben oder die Erbengemeinschaft durch jeden Miterben für sich widerrufen werden kann. Der Testamentsvollstrecker kann nur dadurch geschützt werden, dass die Beibehaltung des Testamentsvollstreckers den Erben zur Auflage gemacht wird.

Hinweis:
Falls der Testamentsvollstrecker zugleich Generalbevollmächtigter aufgrund einer postmortalen Vollmacht ist, unterliegt seine Tätigkeit als Bevollmächtigter nicht den Beschränkungen des Testamentsvollstreckers.

3.1.5 Der Schenkungsvollzug zu Lasten des Nachlasses durch Vollmacht

Die Ausgangssituation ist der Fall, dass durch eine post- oder transmortale Vollmacht eine Schenkung zu Lasten des Nachlasses vollzogen werden soll.

Der Erblasser macht zu Lebzeiten ein Schenkungsversprechen nach der Form des § 518 Abs. 1 BGB und der Bevollmächtigte vollzieht nach dem Tod des Erblassers die Schenkung, so dass eine Heilung des Formmangels nach § 518 Abs. 2 BGB eintritt. Nach der ständigen Rechtsprechung des Bundesgerichtshofs (BGHZ 99, 97 ff; BGH WM 1988, 984 ff) kann eine vom Schenker zu Lebzeiten formlos versprochene Leistung mit den Folgen des § 518 Abs. 2 BGB auch noch nach seinem Tod mit Hilfe einer trans- oder postmortalen Vollmacht des Schenkers vollzogen werden.

Eine Bevollmächtigung als solche – auch wenn sie unwiderruflich ist – kann einen Schenkungsvollzug noch nicht bewirken. Für den Eintritt der Heilung einer formnichtigen Versprechensschenkung unter Lebenden ist nach § 518 Abs. 2 BGB Voraussetzung, dass die Einigung über die versprochene Schenkung bei tatsächlicher Leistung noch fortbesteht und kein Widerruf erfolgte.

Bei einem Schenkungsversprechen von Todes wegen tritt kein Schenkungsvollzug im Sinne des § 2301 Abs. 2 BGB ein, wenn das Schenkungsversprechen erst nach dem Tod des Schenkers erfüllt wird. Eine nicht vollzogene Schenkung von Todes wegen kann genauso wenig wie eine formnichtige Verfügung von Todes wegen nach dem Erbfall durch Handlungen einer vom Erblasser bevollmächtigten Person in Kraft gesetzt werden.

Um Unsicherheiten im Hinblick auf die Frage, ob ein formunwirksames aber möglicherweise heilbares Schenkungsversprechen unter Lebenden oder eine nicht der Heilung zugängliche Schenkung von Todes wegen vorliegt, zu vermeiden, ist letztendlich nur durch die Einhaltung der Formvorschrift des § 518 BGB für die der Vollmachterteilung zugrundeliegende Schenkung möglich.

3.1.6 Die Vornahme von Schenkungen durch den Bevollmächtigten

Es stellt sich hier die Frage, ob der Bevollmächtigte Schenkungen vornehmen darf. Sofern die Befugnis erteilt wurde, die Schenkungen des Bevollmächtigten an sich selbst gestattet, ist der Schaden im Missbrauchsfall meistens sehr hoch. Dennoch gibt es bei den Bevollmächtigten kein Schenkungsverbot. Dies hat den Vorteil, dass im Rahmen von vorweggenommener Erbfolge Vermögensübertragungen vorgenommen werden können. Der drohende Missbrauch stellt einen erheblichen Nachteil dar.

Im Gegensatz dazu gilt für Betreuer – abgesehen von Anstands- und Pflichtschenkungen – ein absolutes Verbot. Auch eine vormundschaftsgerichtliche Genehmigung kann über dieses Verbot nicht hinweghelfen.

3.2 Der Umfang der Vorsorgevollmacht bei persönlichen Angelegenheiten

Ein Bevollmächtigter kann für alle Angelegenheiten der Personensorge bestellt werden, die bei fehlender Vollmacht durch einen zu bestellenden Betreuer wahrgenommen werden müssen. Grundsätzlich kann ein Vertreter für alle Angelegenheiten bestellt werden, für die auch eine Betreuung möglich ist. Es handelt sich hierbei um eine verbindliche Entscheidung des Bevollmächtigten. Eine Vollmacht, die persönliche Angelegenheiten betrifft, kommt nur dann in Betracht, wenn die betreffende Person nicht mehr entscheidungsfähig ist. Ansonsten könnte der Vollmachtgeber jeder beeinträchtigenden Maßnahme widersprechen und sein Widerspruch würde die vom Bevollmächtigten getroffene Entscheidung wieder aufheben.

Hinweis:
Nach der ständigen Rechtsprechung ist bei der Fähigkeit zur Einwilligung in die Verletzung höchstpersönlicher Rechte anders als bei Vermögensrechten nicht Voraussetzung, dass der Vollmachtgeber geschäftsfähig ist. Entscheidend ist seine natürliche Einsichtsfähigkeit und Steuerungsfähigkeit, denn er muss die Bedeutung, die Tragweite und die Schwere eines anstehenden Eingriffs ermessen und anschließend den Willen nach dieser Erkenntnis bestimmen können. Dabei wird auf den subjektiv individuellen Reifegrad einer Person abgestellt.

3.2.1 Einwilligung und Versagung von ärztlichen Maßnahmen gemäß § 1904 BGB

Es geht hierbei um Entscheidungen, ob ärztliche Untersuchungen und Behandlungen durchgeführt werden sollen oder nicht.

Hinweis:
Die Vollmachturkunde muss die Maßnahmen gemäß § 1904 Abs. 1 BGB explizit erwähnen.

Hinweis:
Auch wenn eine wirksame Bevollmächtigung vorliegt, ist dennoch die Genehmigung des Vormundschaftsgerichts einzuholen, falls die begründete Gefahr besteht, dass der Vollmachtgeber aufgrund der Maßnahme stirbt oder einen schweren und länger andauernden gesundheitlichen Schaden erleidet. Ohne Genehmigung des Vormundschaftsgerichts sind solche Maßnahmen nur dann zulässig, wenn mit dem Aufschub Gefahr verbunden ist. Zuvor ist jedoch eine ärztliche Aufklärung erforderlich.

Der Bevollmächtigte muss in diesem Kontext immer eine möglicherweise vorliegende Patientenverfügung des Vollmachtgebers berücksichtigen.

3.2.2 Einwilligung in den Abbruch von ärztlichen Maßnahmen bei ungünstiger Prognose gemäß § 1904 BGB analog

Bei noch nicht eingesetztem Sterbevorgang

Vom Grundsatz her kann ein Dritter dazu bevollmächtigt werden zu entscheiden, ob bei noch nicht eingesetztem Sterbevorgang und ungünstiger Prognose lebenserhaltende Maßnahmen im Hinblick auf den Vollmachtgeber beendet werden sollen.

Beispiel:
Einstellung der künstlichen Beatmung oder der Ernährung

Auch wenn eine wirksame Bevollmächtigung vorliegt, stellt sich die Frage, ob die Genehmigung des Vormundschaftsgerichts gemäß § 1904 BGB analog erforderlich ist.

Bisher ging die Rechtsprechung (OLG Frankfurt a.M., FamRZ 1998, 1137 ff) davon aus, dass die Einholung der Genehmigung des Vormundschaftsgerichts notwendig ist. In der neueren Rechtsprechung wird die Genehmigung der Maßnahme durch das Vormundschaftsgericht als nicht erforderlich erachtet, da § 1904 BGB weder direkt noch analog auf vormundschaftsgerichtliche Genehmigungen von lebensbeendeten Maßnahmen anwendbar ist. In diesen Zusammenhang bleibt abzuwarten, wie die höchstrichterliche Rechtsprechung bezüglich der Erforderlichkeit von vormundschaftlichen Genehmigungen entscheiden wird. Auch bei Vorliegen einer Patientenverfügung, an deren Inhalt auch der Bevollmächtigte gebunden sein soll, ist in diesem Zusammenhang eine vormundschaftliche Genehmigung einzuholen, so OLG Frankfurt a.M., FamRZ 1998, 1347 ff.

Tipp:
Es ist empfehlenswert, neben der ausdrücklichen Bevollmächtigung zur Einwilligung in den Abbruch der Heilbehandlung bei ungünstiger Prognose zugleich eine Patientenverfügung anzufertigen, die den betreffenden Willen des Verfügenden festhält und den

Bevollmächtigten in seiner Entscheidung bindet. Folglich wird somit der Willen des Betroffenen deutlich festgehalten, so dass dieser bei der Ermittlung des mutmaßlichen Willens durch die Ärzte und das Vormundschaftsgericht einfließen kann.

Bei eingesetztem Sterbevorgang

Eine vormundschaftliche Genehmigung hinsichtlich der Einwilligung des Bevollmächtigten in die Beendigung lebenserhaltender Maßnahmen ist nach dem Eintritt des Sterbevorgangs nicht erforderlich.

3.2.3 Entscheidungen über die Unterbringung gemäß § 1906 Abs. 1 BGB

Die Vollmachturkunde muss explizit die Maßnahmen der Unterbringung gemäß § 1906 Abs. 1 BGB erfassen, dass dem Bevollmächtigten die Entscheidung obliegt, im Falle einer krankheitsbedingten Eigengefährdung, den Vollmachtgeber in einer geschlossenen Einrichtung oder Station unterzubringen.

Hinweis:
Bei den Maßnahmen der Unterbringung ist trotz des Vorliegens einer wirksamen Bevollmächtigung die Genehmigung des Vormundschaftsgerichts einzuholen, es sei denn, dass mit dem Aufschub Gefahr verbunden ist.

3.2.4 Entscheidungen über freiheitsentziehende oder freiheitsbeschränkende Maßnahmen gemäß § 1906 Abs. 4 BGB

Um den Vollmachtgeber vor einer konkreten Eigengefährdung zu schützen, ist die Entscheidung über freiheitsentziehende Maßnahmen auf den Bevollmächtigten übertragbar. Ihm kann auch im Rahmen dieser Befugnis zur Überprüfung auferlegt werden, ob eine ärztlich vorgeschlagene Schutzmaßnahme zur Verhinderung einer konkreten Eigengefährdung wirklich erforderlich und unumgänglich ist.

Beispiele:
Verabreichung von Schlafmitteln und Psychopharmaka, Anbringen von Bettgittern, Fixieren mit einem Gurt oder sonstigen mechanischen Vorrichtungen und alle anderen Maßnahmen, die den Vollmachtgeber daran hindern sollen, sich frei zu bewegen.

Hinweis:
Über solche Maßnahmen kann der Bevollmächtigte aber nur dann entscheiden, wenn die Vollmachturkunde die Maßnahmen nach § 1906 Abs. 4 BGB explizit erfasst.

Auch wenn eine wirksame Bevollmächtigung dahingehend vorliegt, bedarf es der Genehmigung des Vormundschaftsgerichts, es sei denn, wenn mit dem Aufschub Gefahr verbunden ist. Die Pflicht der vormundschaftsgerichtlichen Genehmigung nach § 1906 Abs. 2 iVm § 1906 Abs. 4 BGB besteht dann nicht, wenn der Betroffene in einer Familie lebt und die diesbezüglichen Maßnahmen dort getroffen werden müssen. Wenn ein Betroffener von dritter Seite betreut wird und in seiner Wohnung regelmäßig eingesperrt werden soll, kann eine vormundschaftsgerichtliche Genehmigung notwendig sein.

3.2.5 Aufenthalts- und Umgangsbestimmung

Zur Entscheidungsbefugnis des Bevollmächtigten können auch die Bestimmung des Aufenthaltsortes des Vollmachtgebers und dessen Umgang gehören.

Beispiele:
Auflösung der Wohnung, Aufnahme in ein Krankenhaus, Pflegeheim, Hospiz oder ähnliche Einrichtungen, Pflegedienst, Therapeuten oder sonstige Personen

3.2.6 Sonstige Wünsche des Vollmachtgebers

Im Rahmen der Vorsorgevollmacht kann der Vollmachtgeber regeln, dass alle seine bisherigen Gewohnheiten – soweit tatsächlich möglich – beibehalten werden.

4. Die verschiedenen Vollmachtarten

4.1 General- und Spezialvollmacht

Eine Spezialvollmacht wird nur für bestimmte Rechtsgeschäfte und eine Generalvollmacht für alle – außer den höchstpersönlichen – Rechtsgeschäfte erteilt. Eine Spezialvollmacht ist nur im Rahmen der rechtsgeschäftlichen Vollmachten sinnvoll, z. B. als Kontovollmacht. Um jedoch die Bestellung eines Betreuers zu vermeiden, ist allein die

Generalvollmacht geeignet. Alle anderen Vollmachtarten sind nicht weitreichend genug, so dass sie nicht die betreffenden Maßnahmen erfassen und damit ist die Wahrscheinlichkeit groß, dass das Vormundschaftsgericht einen Betreuer bestellt.

Hinweis:
Auch bei der Generalvollmacht ist die Vornahme von bestimmten höchstpersönlichen Rechtsgeschäften, wie z. B. Eheschließung, Errichtung eines Testaments oder Ehevertrages, ausgeschlossen. Dies gilt auch für Rechtsgeschäfte, die nur einer gesetzlichen Vertretung zugänglich sind. In der Regel handelt es sich hierbei um bestimmte familienrechtliche Erklärungen für Geschäftsunfähige wie z. B. Anfechtung der Ehelichkeit, Anerkennung der Vaterschaft und Zustimmung der Mutter und des Kindes hierzu, Abschluss eines Ehevertrages sowie Erb- und Pflichtteilsverzicht, wenn der Erblasser geschäftsunfähig ist. Gleiches gilt für die Vertretung eines Geschäftsunfähigen im Prozess und in der Zwangsvollstreckung. Für alle diese Geschäfte muss ein Betreuer bestellt werden, auch wenn eine Vorsorgevollmacht erteilt wurde. Damit wird die Reichweite der Vorsorgevollmacht erheblich eingeschränkt. Weiterhin ist es nicht möglich, dass der Geschäftsführer einer GmbH oder ein Vorstandsmitglied einer Aktiengesellschaft seine Organstellung durch Generalvollmacht einem Vertreter überträgt. Als Ausweichmöglichkeit bieten sich die Erteilung von Prokura oder die Bestellung des Vertreters zum Geschäftsführer an.

4.2 Ersatz- und die Untervollmacht

Diese beiden Arten von Bevollmächtigungen sind dann sinnvoll, wenn der Bevollmächtigte ausfällt. Dann sollte entweder der Vollmachtgeber einen Ersatzbevollmächtigten oder den Hauptbevollmächtigten ermächtigen, einen Ersatzbevollmächtigten oder Unterbevollmächtigten zu bestellen. Falls eine geeignete Person vorhanden ist, erscheint die Benennung eines Ersatzbevollmächtigten durch den Vollmachtgeber sinnvoll.

4.3 Vollmacht mit wechselseitiger Einsetzung der Ehegatten

Der besondere Vertrauenscharakter einer Vorsorgevollmacht kommt u. a. darin zum Ausdruck, dass sich Ehegatten wechselseitig bevollmächtigen. Die Bevollmächtigung des jeweiligen Ehegatten erfolgt oft nur im Hinblick auf die eigene Bevollmächtigung und ist Ausdruck eines gegenseitigen Vertrauensbeweises.

Hinweis:
Die beiden Vorsorgevollmachten können nur in einer Urkunde zusammengefasst werden, um die Identität der gegenseitigen Bevollmächtigung sicherzustellen und um die wechselseitige Abhängigkeit zu dokumentieren.

4.4 Doppelvollmacht

Neben der Einzelvollmacht, d. h., dass nur ein Vertreter bestellt wird, ist auch die Bevollmächtigung von zwei Vertretern im Rahmen einer Doppelvollmacht möglich. Falls der Vollmachtgeber nicht mehr geschäftsfähig ist und den Bevollmächtigten nicht mehr kontrollieren kann, kann für den Fall eine Vorsorgevollmacht als Doppelvollmacht erteilt werden. Der Vorteil einer Doppelvollmacht besteht darin, dass eine gegenseitige Kontrolle der Bevollmächtigten möglich ist.

Es gibt zwei Möglichkeiten, eine Doppelvollmacht zu erteilen.

Es sind beide Vertreter umfassend vertretungsbefugt, wobei jedoch im Innenverhältnis der eine Vertreter die Aufgabe hat, den anderen Vertreter zu überwachen. Ein Tätigwerden des Überwachungsvertreters erfolgt nur nach außen im Konfliktfall, d. h., wenn der angewiesene Vertreter die Anweisungen nicht befolgt. Eine andere Möglichkeit stellt die Doppelvollmacht in Form der Gesamtvollmacht dar, wonach die Bevollmächtigten in Vertretungshandlungen nur gemeinsam tätig können. Des Weiteren besteht auch die Möglichkeit, dass nur im Hinblick auf bestimmte Aufgaben eine Gesamtvertretung angeordnet wird. Die Bevollmächtigten können sich auch untereinander ermächtigen, für bestimmte Aufgaben ohne Zustimmung zu handeln.

Hinweis:
Bei Anordnung der Gesamtvertretung in allen Angelegenheiten ist zu beachten, dass die Vertreter übermäßig gebunden sind.

Des Weiteren ist die Doppelvollmacht für den Fall sinnvoll, dass der Bevollmächtigte verhindert ist. Dann sollte ein weiterer Bevollmächtigter ermächtigt sein, um die Versorgung des Vollmachtgebers nicht zu gefährden. Den beiden Vertretern werden die gleichen Aufgaben übertragen, so dass sie beide unabhängig voneinander handeln können. Damit es nicht zu einer gegenseitigen Blockade der beiden kommt, ist es sinnvoll in der Vollmacht zu regeln, dass bei Meinungsverschiedenheiten die Entscheidung einem bestimmten Vertreter obliegt.

Hinweis:
Falls eine Generalvollmacht zugunsten zweier Vertreter erteilt wird, sollte berücksichtigt werden, dass sie sich gegenseitig die Vollmacht entziehen können. Folglich sollte das Recht zum Widerruf der Vollmacht in der Vollmachturkunde geregelt und gegebenenfalls ausgeschlossen sein.

Tipp:
Die Doppelvollmacht mit wechselseitiger Kontrolle im Innenverhältnis ist grundsätzlich zu empfehlen. Es erscheint sinnvoll, eine umfassende Bevollmächtigung beider Vertreter vorzusehen, falls ein Vertreter verhindert ist, um eine ausreichende Betreuung zu gewährleisten. Im Innenverhältnis ist eine Regelung hinsichtlich der jeweiligen Zuständigkeiten erstrebenswert, um Konflikte zwischen den Bevollmächtigten zu vermeiden.

Die Doppelvollmacht hat auch den Vorteil, dass die Bevollmächtigten sich gegenseitig kontrollieren können. Damit wird u. a. vermieden, dass ein Überwachungsbetreuer seitens des Vormundschaftsgerichts bestellt werden muss.

Hinweis:
Eine stärkere gegenseitige Kontrolle wird mittels Gesamtvollmacht erreicht, bei der ein Handeln der Bevollmächtigten nur gemeinsam möglich ist. Diese Vollmachtart ist jedoch nicht sehr praktikabel, da die Bevollmächtigten sehr gebunden sind.

5. Der Missbrauch der Vorsorgevollmacht

5.1 Allgemeine Ausführungen

Grundlegende Bedeutung für die Vorbeugung eines Vollmachtmissbrauchs hat die sorgfältige Auswahl des Bevollmächtigten. Für den Missbrauch einer Vorsorgevollmacht gelten die allgemeinen Grundsätze zum Missbrauch der Vollmacht, so dass auch das diesbezügliche Risiko der Vertretene trägt. Lediglich bei objektiver Evidenz des Missbrauchs obliegt dem Vertragspartner eine Prüfungspflicht. Es müssen jedoch massive Verdachtsmomente gegeben sein.

Bei der postmortalen Vollmacht ist für die Annahme eines Missbrauchsfalles Voraussetzung, dass das Handeln des Vertreters sich als eine unzulässige Rechtsausübung im Sinne des § 242 BGB oder ein Verstoß gegen die guten Sitten im Sinne des § 138 BGB darstellt. Entscheidend sind sämtliche Umstände des Einzelfalles. Auch der Widerruf der Vollmacht bietet meistens keinen wirksamen Schutz vor einem Missbrauch, da er oft zu spät erfolgt.

5.2 Das Innenverhältnis

Es ist sinnvoll, das der Vorsorgevollmacht zugrunde liegende Innenverhältnis präzise zu regeln, damit die Interessen des Vollmachtgebers so gut wie möglich Berücksichtigung finden und der Missbrauch der Vollmacht auf ein Minimum reduziert wird.

Tipp:
Es ist empfehlenswert, Regelungen hinsichtlich Vergütung des Bevollmächtigten, Beschränkungen im Innenverhältnis, wie z. B. keine Schenkungen vorzunehmen, zu treffen, um Rechtssicherheit zwischen Vollmachtgeber und Bevollmächtigtem herzustellen.

Das Handeln des Bevollmächtigten kann durch das Vormundschaftsgericht selbst oder einen vom Vormundschaftsgericht bestellten Überwachungsbetreuer oder einen Rechtsnachfolger des Vollmachtgebers kontrolliert werden. Der Vorteil für den Bevollmächtigten bei einer detailliert geregelten Vollmacht ist, dass er in seinem Handeln abgesichert wird und für die von ihm getätigten Rechtsgeschäfte nicht in Beweisnot gerät.

Das der Vorsorgevollmacht zugrundeliegende Kausalverhältnis kann in zweierlei Hinsicht geregelt werden. Das Kausalverhältnis kann unmittelbar in der Vollmachturkunde oder in einer gesonderten Urkunde geregelt werden. Obwohl sich eine Beschränkung der Vollmacht im Innenverhältnis nicht auf das Außenverhältnis auswirkt, bietet die erste Alternative einen größeren Schutz vor Missbrauch. Ein gewissenhafter Geschäftspartner wird sich rückversichern, wenn er bemerkt, dass der Bevollmächtigte die Beschränkungen der Vollmacht im Innenverhältnis überschreitet, da sich ansonsten nach den Grundsätzen des kollusiven Zusammenwirkens regresspflichtig machen würde.

Tipp:
Es ist sinnvoll, im Interesse des Vollmachtgebers und des Bevollmächtigten die detaillierte Regelung des Innenverhältnisses in jede Vollmachturkunde aufzunehmen oder wenigstens in einer getrennten Vereinbarung schriftlich zu fixieren. Dies stellt eine Erleichterung bei der Überprüfung des Bevollmächtigten dar und somit wird ein Missbrauch leichter erkannt. Es ist auch für den Bevollmächtigten sofort möglich, die Vertretungsmacht zu bestätigen.

5.3 Der Widerruf der Vollmacht

Solange der Vollmachtgeber noch geschäftsfähig ist, kann er die dem Bevollmächtigten erteilte Vollmacht widerrufen, insbesondere um einem etwaigen Missbrauch der Vollmacht zu unterbinden. Nach dem Eintritt der Geschäftsunfähigkeit ist ein Widerruf der Vollmacht durch den Vollmachtgeber nicht mehr möglich.

Im Fall der postmortalen Vollmacht kann nach dem Tod des Vollmachtgebers eine trans- oder postmortale Vollmacht jederzeit von den Erben widerrufen werden, wobei jeder Miterbe mit Wirkung für sich über das Recht verfügt, die Vollmacht zu widerrufen. Daran ändert auch eine bestehende Erbengemeinschaft oder eine angeordnete Testamentsvollstreckung nichts. Natürlich kann ein Widerruf nur dann erfolgen, wenn sich der Widerrufende erbrechtlich legitimieren kann, ansonsten ist der Widerruf nicht möglich.

Beispiel:
Vorlage eines Erbscheins oder Testaments mit Eröffnungsprotokoll

Auch der Nachlassverwalter und der Nachlasspfleger verfügen über ein Widerrufsrecht. Die Rechtsprechung (Hanseatisches Reichsgericht HANS RGZ 33 B 325) lehnt den Widerruf einer postmortalen Vollmacht durch den Testamentsvollstrecker ab. Selbst wenn der Widerruf vom Vollmachtgeber ausgeschlossen wurde, besteht für die Erben immer noch die Möglichkeit, die Vollmacht aus wichtigem Grund zu widerrufen.

Fall:
Die Ehefrau A setzt ihren Ehemann B zum Alleinerben ein und erteilt dem Sohn S eine postmortale Kontovollmacht bei der Bank C. A stirbt am 29.3. 2005. Am nächsten Tag ruft B bei der Bank C an und widerruft die zugunsten des S bestehende Vollmacht. Am 01.04.05 räumt S den gesamten Guthabenbetrag vom Konto ab und verschwindet unauffindbar. Kann B die Bank C in Anspruch nehmen?

Eine erbrechtliche Legitimation des B erfolgte nicht, so dass der Widerruf der Kontovollmacht nicht wirksam erfolgte. Folglich leistete die C zu Recht und mit Schuldbefreiender Wirkung an S. Seitens der Bank C bestand keine Pflicht bis zur Klärung der Rechtsnachfolge die Weisungen des S in der Form zurückzustellen oder sonstige Sicherungsmaßnahmen durchzuführen, denn auch gegenüber dem Vollmachtgeber als ursprünglichem Vertragspartner der Bank bestand keine solche Pflicht zur Sicherung seiner Interessen. Außerdem ist gerade für die postmortale Vollmacht kennzeichnend, dass sie mit dem Tod des Vollmachtgebers wirksam wird, um gerade ein solches Vakuum der Handlungsunfähigkeit bzw. der Handlungsverzögerung zu vermeiden.

Bei der postmortalen Vollmacht kann keine Verpflichtung der Bank dahingehend bestehen, die Zustimmung durch die Erben abzuwarten oder ihre Erteilung oder Versagung durch Abwarten möglich zu machen, denn schließlich soll diese Art von Vollmacht ein Tätigwerden des Bevollmächtigten ermöglichen, ohne dass es auf den Willen der Erben oder ihre Ermittlung ankommt. Allein aufgrund der Vollmacht des Erblassers und der damit getroffenen Regelungen wird der Bevollmächtigte bis zum Widerruf der Vollmacht durch die Erben tätig.

Tipp:
Beim Bestehen einer Missbrauchsgefahr ist es ratsam, den sofortigen Widerruf unter Nachweis der erbrechtlichen Legitimation schriftlich zu erklären. Für den Fall, dass sich der Betreffende nicht erbrechtlich legitimieren kann, muss – sofern dargelegt werden kann, dass die Erben noch unbekannt sind – eine Kontosperre beantragt werden.

6. Der Widerruf der Vorsorgevollmacht und deren Rechtscheinwirkung nach § 172 BGB

Es reicht aus, dass die Vollmachturkunde bei dem ersten Rechtsgeschäft mit dem Dritten vorgelegt wurde, damit bei jedem weiteren Geschäft darauf Bezug genommen werden kann. Die Vollmachturkunde darf nur nicht dem Vollmachtgeber wieder zurückgegeben worden sein und sie muss auch inhaltlich das neue Geschäft inhaltlich erfassen. Das gilt auch, wenn der die Vollmacht wirksam widerrufen wurde. Das Risiko trägt der Dritte allein, wenn die Vollmachturkunde zwischenzeitlich an den Vollmachtgeber zurückgegeben wurde.

Tipp:
Es ist daher ratsam, die Vollmacht mit einer Wirksamkeitsklausel zu versehen, mit dem Inhalt, dass die Vollmacht nur wirksam ist, soweit und solange der Bevollmächtigte auch im unmittelbaren Besitz der Vollmacht ist. Beim Vorliegen einer solchen Klausel trägt der Geschäftspartner die Beweislast, dass der Bevollmächtigte zum Zeitpunkt des Abschlusses des jeweiligen Geschäfts in unmittelbarem Besitz einer Vollmacht war.

7. Die rechtsgeschäftlichen Beschränkungen einer Vollmacht

Rechtsgeschäftliche Beschränkungen können im Rahmen von konkreten Weisungen in das der Vollmacht zugrundeliegende Grundverhältnis aufgenommen werden. Des Weiteren ist es ratsam, eine Beschränkung des Handelns des Bevollmächtigten für bestimmte Geschäfte vorzunehmen. Für diese Aufgaben ist dann ein Betreuer zu bestellen.

Tipp:
Eine diesbezügliche Vollmacht sollte im Hinblick auf ihre Beschränkung konkret und hinreichend gestaltet werden, damit nicht das Vormundschaftsgericht wegen unzureichender Bevollmächtigung insgesamt einen Betreuer bestellt. Aus diesen Gründen sollte eine Beschränkung der Aufgaben nur in Ausnahmefällen vorgenommen werden.

Beispiele für Ausnahmenfälle:
Verfügungen hinsichtlich Forderungen und Wertpapiere, Verfügungen über das gesamte Vermögen, Verfügungen über bestimmte, wichtige Gegenstände, Annahme und Ausschlagung von Erbschaften, Aufnahme von Krediten, Eingehung von Bürgschaften und anderen Verbindlichkeiten diesen Umfangs, Grundstücksgeschäfte und Schenkungen

Es ist jedoch zu beachten, dass durch die Vornahme von Beschränkungen eine sinnvolle Verwaltung nicht unmöglich gemacht wird.

8. Der Kontrollbetreuer gemäß § 1896 Abs. 3 BGB

Wenn der Vollmachtgeber nicht mehr in der Lage ist, die ordnungsgemäße Ausübung der Vollmacht zu kontrollieren und eine diesbezügliche Überwachung erforderlich ist, kommt die Bestellung eines Vollmacht- oder Kontrollbetreuers in Betracht. Voraussetzung dafür ist, dass die Vollmacht wirksam erteilt und nicht erloschen war.

Ein Kontrollbetreuer kann aufgrund des konkreten Überwachungsbedarfs durch das Vormundschaftsgericht bestellt werden, wenn konkrete Umstände dahingehend vorliegen, dass der Vertreter zu Lasten des Vertretenen handelte. Der Kontrollbetreuer hat die Aufgabe, die Rechte des Betreuten geltend zu machen, wobei er rechtlich nicht als Vertreter des Vollmachtgebers zu qualifizieren ist. Er kann die Vollmacht im Missbrauchsfall gemäß § § 1896 Abs. 2 S. 1, 1902 BGB widerrufen. Des Weiteren muss er möglicherweise Schadensersatzansprüche aus dem Grundverhältnis zwischen Vollmachtgeber und Bevollmächtigtem geltend machen.

Eine anderer Fall ist, wenn das Vormundschaftsgericht einen Betreuer mit dem gleichen Aufgabenbereich wie der Bevollmächtigte bestellt. Maßgebend in diesem Fall sind allein die Weisungen des Betreuers. Dessen Bestellung hat keine rechtlichen Auswirkungen auf das Bestehen der Vollmacht, wobei jedoch die Grundsätze über den Vollmachtmissbrauch Anwendung finden.

9. Die Grenzen der Vorsorgevollmacht

9.1 Die Grenzen der Vollmacht im rechtsgeschäftlichen Bereich

Einerseits kann es vorteilhaft sein, dass der Vollmachtgeber im Missbrauchsfall die Vollmacht widerrufen kann, während andererseits besonders bei rechtsgeschäftlichen Vollmachten der Erblasser ein Interesse an der Unwiderruflichkeit der Vollmacht haben kann. Der Nachteil der postmortalen Vollmacht ist, dass ein Widerruf durch jeden Erben, Nachlassverwalter oder Nachlasspfleger erfolgen kann. Der Widerruf der postmortalen Vollmacht durch den Testamentsvollstrecker wird von der Rechtsprechung (Hanseatisches Reichsgericht HANS RGZ 33 B 325) abgelehnt. Beim Ausschluss des Widerspruchsrechts bleibt dennoch der Widerruf aus wichtigem Grund für die Erben möglich. Ein Widerruf der Vollmacht kann nur durch entsprechende erbrechtliche Strafklauseln und Auflagen unterbunden werden.

Beispiel:
Der Erblasser regelt, wenn der Erbe E die Vollmacht widerruft, tritt ein belastendes aufschiebendes Vermächtnis in Kraft.

Hinweis:
Wenn eine abstrakte, unwiderrufliche Generalvollmacht über den Tod hinaus erteilt wird, wird diese wegen der nicht zu billigenden Knebelung der Erben und der damit verbundenen Umgehung der Testamentsvollstreckung als sittenwidrig bewertet. Diese Generalvollmacht besteht als widerruflich weiter, wenn der Erblasser sie auch ohne Verzicht auf das Widerrufsrecht erteilt hätte.

9.2 Die Grenzen von Vollmacht im persönlichen Bereich

Auch im Bereich von Arzt- und Behandlungsverträgen sowie bei anderen die Personensorge betreffenden Verträgen gilt der Grundsatz der Vertragsfreiheit. Der Arzt hat das Recht, eine Behandlung, die an bestimmte Wünsche und Vorstellungen gebunden sein soll, abzulehnen, § 1 Abs. 7 BÄO. Folglich muss der Arzt keine Behandlung durchführen, bei der er nur die Wünsche des Bevollmächtigten aber nicht die des Patienten erfährt, insbesondere wenn der Bevollmächtigte ärztliche Maßnahmen erreichen will, von denen der Arzt abrät. Es kann erforderlich sein, einen Betreuer gemäß § 1896 Abs. 1 und 2 BGB zu bestellen.

10. Die Haftung des Bevollmächtigten und des Vollmachtgebers

Es ist zwischen der Haftung des Bevollmächtigten im Hinblick auf den Vollmachtgeber und den Dritten zu differenzieren. Der Bevollmächtigte haftet gegenüber dem Vollmachtgeber nach dem der Vollmacht zugrunde liegenden Vertrag. Es handelt sich um einen Geschäftsbesorgungsvertrag gemäß § 675 BGB, falls der Vertreter entgeltlich tätig ist. Es liegt ein Auftrag im Sinne des § 662 BGB vor, wenn der Bevollmächtigte unentgeltlich arbeitet. Der Bevollmächtigte haftet gegenüber dem Vollmachtgeber in diesen Fällen für jede fahrlässige oder vorsätzliche Verletzung seiner Pflichten aus dem Grundverhältnis.

Tipp:
Es ist bei der Vorsorgevollmacht zu überlegen, ob die Haftung des Bevollmächtigten gegenüber dem Vollmachtgeber nicht auf grobe Fahrlässigkeit und Vorsatz beschränkt werden sollte.

Der Vollmachtgeber haftet gegenüber Dritten nach § 278 BGB für den Bevollmächtigten, falls dieser bei rechtsgeschäftlichem Handeln im Rahmen seiner Tätigkeit einem Dritten fahrlässig oder vorsätzlich einen Schaden zufügt. Davon zu unterscheiden ist das Innenverhältnis, in dem der Bevollmächtigte für den verursachten Schaden nach den oben genannten Grundsätzen dem Vollmachtgeber haftet. Für eigenes Verschulden haftet der Bevollmächtigte selbst gegenüber dem Dritten.

Im Gegensatz dazu besteht seitens des Bevollmächtigten keine Haftung gegenüber Dritten für Schäden des Vollmachtgebers. Außer der Bevollmächtigte hat die Aufsicht gegenüber dem Vollmachtgeber explizit übernommen und der Schaden des Dritten ist auf eine Verletzung der Aufsichtspflicht zurückzuführen.

11. Die Vorteile und Nachteile einer Vorsorgevollmacht

11.1 Die Vorteile

11.1.1 aus unternehmerischer Sicht

In unternehmerischer Hinsicht besteht der große Vorteil darin, dass der Vollmachtgeber präzise bestimmen kann, wer im Falle seiner Geschäftsunfähigkeit die Geschäfte übernehmen und weiterführen soll. Damit wird vermieden, dass ein Vakuum dahingehend entsteht, dass das Unternehmen im Fall der Geschäftsunfähigkeit des bisherigen Geschäftsleiters in seinen Entscheidungen gelähmt ist. Des Weiteren kann dafür gesorgt werden, dass keine außenstehenden Dritten, denen der Betrieb als solches fremd ist, dessen Leitung übernehmen.

Bei Gesellschaftsbeteiligungen oder größeren Vermögen kann die Existenz eines schnellen und ohne gerichtliche Genehmigungserfordernisse handlungsfähigen Bevollmächtigten sehr wichtig sein. In dieser Hinsicht bietet die Bevollmächtigung auch eine Alternative zur lebzeitigen Übertragung. Damit sind auch eine kontinuierliche Vermögensverwaltung und auch eine lückenlose Versorgung naher Angehöriger gewährleistet. Eine sukzessive Einsatzerweiterung und Reduzierung nach Bedarf ist ebenfalls möglich.

11.1.2 aus persönlicher und privater Sicht

Der Vollmachtgeber kann selbst die Auswahl des Bevollmächtigten vornehmen und den Umfang seines Handelns sowie dessen Kontrolle bestimmen. Ein weiterer Vorteil für den Vollmachtgeber hat die persönliche Auswahl dahingehend, dass er sein Umfeld und seine Lebensgewohnheiten am besten kennt, so dass er sachnäher ist und die Wahrung seiner Interessen optimal bestimmen kann. Die Konsequenz ist eine nur sehr eingeschränkte staatliche Bevormundung.

Des Weiteren ist auch von Vorteil, dass der Schutz der Privatsphäre des Vollmachtgebers gewährleistet ist, da das Handeln des Bevollmächtigten völlig wertneutral in dem Sinne ist, als dass die Umwelt von der geistigen oder körperlichen Betreuungsbedürftigkeit nicht erfährt. Damit ist auch das Prüfungsverfahren der Betreuungsbedürftigkeit nicht erforderlich. Da der Bevollmächtigte direkt vom Vollmachtgeber ernannt wurde – im Gegensatz zum Betreuer –, tritt der Vollmachtgeber auch selbstbewusster ihm gegenüber auf. Schon die Anordnung der Betreuung kann sich für die betreffende Person seelisch und geistig belastend auswirken. In der Praxis macht es für sein Umfeld nicht wirklich einen Unterschied, ob eine Betreuung – auch wenn sie sich besser anhört – oder eine Entmündigung gegeben ist

Ingesamt ist die Vollmacht schneller einsetzbar, wesentlich flexibler und unbürokratischer als die Betreuung. In den meisten Fällen ist eine Lösung der Probleme in der Familie ohne staatliche Intervention möglich. Damit erspart sie der Allgemeinheit Kosten, die durch eine Betreuerbestellung anfallen würden.

11.2 Die Nachteile

11.2.1 aus unternehmerischer Sicht

In dieser Hinsicht sind keine Nachteile zu erkennen, die sich aus einer Vorsorgevollmacht oder postmortalen Vollmacht bzw. aus einer Kombination ergeben. Für ein Unternehmen ist es aus den o. g. Gründen vorteilhaft.

11.2.2 aus persönlicher und privater Sicht

Voraussetzung ist, dass eine oder mehrere echte Vertrauensperson/en vorhanden sind. Falls dies nicht der Fall sein sollte, ist von der Erteilung einer Vorsorgevollmacht abzuraten, da das Risiko u. a. im Hinblick auf die Missbrauchsgefahr zu hoch ist.

Der Missbrauch stellt bei der Vorsorgevollmacht eine größere Gefahr als bei der Betreuung dar, denn es erfolgt keine Überwachung durch das Vormundschaftsgericht, insbesondere durch einen Kontrollbetreuer. Bei einem Streit in der Familie kann sich weder der Vollmachtgeber noch der Bevollmächtigte auf die Kontrolle durch das Vormundschaftsgericht berufen. Wenn eine Vorsorgevollmacht erteilt wird, werden die Kosten nicht von der Staatskasse erstattet, so dass bei fehlendem Vermögen eine Betreuung für die Familie kostengünstiger ist.

Die nach § § 1908i, 1837 BGB amtlich bestellten Betreuer werden – zumindest theoretisch – vom Vormundschaftsgericht in ihr Amt eingeführt. Sie können sich Rat und Hilfe beim Vormundschaftsgericht, bei der Betreuungsbehörde oder einem Betreuungsverein einholen. Über diese Möglichkeiten in der Form verfügt der Bevollmächtigte nicht. Damit steht die Frage im Raum, ob ein Bevollmächtigter selbst bei optimalem Willen und Einsatz den Willen des Betreuten gegenüber Dritten durchsetzen kann.

12. Vollmachtmuster

12.1 Vorsorgevollmacht

Die Risiken und das besondere Vertrauensverhältnis zwischen Vollmachtgeber und Bevollmächtigten sind mir bekannt. Auch weiß ich, dass die Vollmacht gilt, solange der Bevollmächtigte die Urschrift in Händen hat und der Vertragspartner vom Widerruf nichts weiß.

Vorsorgend erstelle ich schon heute eine

GENERALVOLLMACHT:

Ich, Martin Meier (künftig: Vollmachtgeber)

erteile hierdurch meiner Tochter

Monika Meier (künftig: die Bevollmächtigte)

Vollmacht, mich in allen meinen Angelegenheiten sowohl bei Gerichten und anderen Behörden, als auch gegenüber Privatpersonen oder Banken und anderen Organisationen und Stellen ohne jede Ausnahme zu vertreten, soweit das Gesetz nicht eine persönliche Handlung zwingend vorschreibt.

Diese Vollmacht erstreckt sich auch auf die Fortführung der Firma Farben GmbH.

Meine Bevollmächtigte kann insbesondere über mein Vermögen in jeder Hinsicht verfügen, mich verpflichten, für mich beliebig erwerben, Zahlungen und andere Wertgegenstände sowie Post, andere Mitteilungen oder Zustellungen entgegennehmen und mein Vermögen verwalten. Sie kann mich gegebenenfalls der sofortigen Zwangsvollstreckung auch im Sinne des § 800 ZPO unterwerfen, für mich Verfahrenshandlungen nach § 81 ZPO oder anderen Verfahrensordnungen vor- und entgegennehmen oder Prozesshandlungen für mich durchführen und mich auch in allen Miet-, Renten-, Krankenkassen-, Pflegeversicherungs-, Beihilfe-, Sozialhilfe- und Steuersachen vertreten.

Ferner kann sie mich auch bei persönlichen Entscheidungen über mein Wohlergehen, meine Pflege oder Gesundheitsvorsorge, einschließlich Entscheidungen über jede denkbare Maßnahme zur Behandlung von Erkrankungen oder Verletzungen sowie Operationseinwilligungen, auch im Umfang des § 1904 BGB, vertreten, soweit dies irgendmöglich ist. Hierbei ist die Bevollmächtigte befugt, Krankenunterlagen einzusehen und alle Informationen durch die mich behandelnden Ärzte oder andere Betreuer einzuholen.

Diese Vollmacht gilt auch für die Zeit, wenn ich betreuungsbedürftig sein werde und umfasst dann auch meine Aufenthaltsbestimmung, meine Unterbringung, die Entscheidung über freiheitsentziehende Maßnahmen nach § 1906 BGB und gegebenenfalls den Abschluss eines Heimvertrages/Pflegevertrages oder Krankenhaus- oder Behandlungsvertrages und meine Wohnungsauflösung sowie Entgegennahme und das Öffnen meiner Post und anderer Mitteilungen. Die besondere Bedeutung dieser Vollmacht ist bekannt und wird bewusst gewählt, auch wenn dadurch weitgehend eine gerichtliche Kontrolle entfällt. Ich weiß, dass bei ärztlichen Maßnahmen oder im Falle der Heimunterbringung nach § 1904 Abs. 2 und § 1906 Abs. 5 BGB meine Bevollmächtigte gegebenenfalls auch der vormundschaftlichen Genehmigung bedarf.

Die Bevollmächtigte kann diese Vollmacht für einzelne Rechtshandlungen soweit zulässig auf andere übertragen sowie diese Übertragung widerrufen, auch ist ihr gestattet, in meinem Namen mit sich oder als Vertreter Dritter Rechtsgeschäfte vorzunehmen. Die Bevollmächtigte kann – wenn eine Verständigung mit mir nicht mehr möglich ist – zu ihrer Rechtfertigung auch Angehörigen von mir Auskünfte über ihre Handlungen geben, ist aber dazu nicht verpflichtet.

Diese Vollmacht ist sofort wirksam. Sie erlischt nicht durch meinen Tod und ist unwiderruflich.

Zum Nachweis des Todes genügt die Vorlage einer Sterbeurkunde.

Freiburg, den ………….. ………………………………

Unterschrift

12.2 Vorsorgevollmacht für vermögensrechtliche und persönliche Angelegenheiten

GENERALVOLLMACHT

von

Erwin Müller,

geb. am 25.07.1925

Müllerstr. 7

79100 Freiburg

Ohne Zwang und aus freiem Willen bevollmächtige ich

Herrn

Max Meier

geb. am 12.01.1955

Meierstr. 9

79100 Freiburg

soweit gesetzlich möglich, mich in allen geschäftlichen Angelegenheiten der Firma Müller GmbH und auch in allen persönlichen Angelegenheiten, auch soweit sie meine Gesundheit betreffen, sowie in allen Vermögens-, Steuer- und sonstigen Rechtsangelegenheiten in jeder denkbaren Richtung zu vertreten. Diese Vollmacht bevollmächtigt auch den Bevollmächtigtem die Firma Müller GmbH nach meinem Tod fortzuführen.

Die Vollmacht beinhaltet ausdrücklich auch

1. Vermögenserwerbungen und -veräußerungen sowie Belastungen jeder Art für den Vollmachtgeber vorzunehmen und Verbindlichkeiten beliebiger Art und Höhe – auch in vollstreckbarer Form – einzugehen;

2. Vermögenswerte beliebiger Art, namentlich Geld, Sachen, Wertpapiere und Schriftstücke in Empfang zu nehmen;

3. über meine vorhandenen Konten bei Banken beliebig zu verfügen;

4. Verträge sonstiger Art unter beliebigen Bestimmungen abzuschließen, Vergleiche einzugehen, Verzichte zu erklären und Nachlässe zu bewilligen;

5. mich als Erben, Pflichtteilsberechtigten, Vermächtnisnehmer, Schenker oder Beschenkten in jeder Weise, namentlich auch bei Vermögens- und Gemeinschaftsauseinandersetzungen jeder Art, zu vertreten und auch Ausschlagungserklärungen abzugeben;

6. meine Versorgungsangelegenheiten, wie Rente und Pension, zu regeln;

7. Prozesse für mich als Kläger oder Beklagter zu führen und hierbei die Rechte eines Prozessbevollmächtigten in vollem Umfang des § 81 ZPO auszuüben, mich in allen gerichtlichen und außergerichtlichen Verfahren als Gläubiger und Schuldner, Kläger oder Beklagten oder in jeder sonst wie in Frage kommenden Eigenschaft ohne jede Einschränkung zu vertreten;

8. zu allen Prozesshandlungen;

9. den Haushalt aufzulösen und über das Inventar zu verfügen;

10. Vereinbarungen mit Kliniken, Alters- und Pflegeheimen abzuschließen und zum Zwecke hierfür Sicherungshypotheken auch für den Sozialhilfeträger zu bestellen;

11. über Art und Umfang der Beerdigung zu entscheiden und Sterbegelder in Empfang zu nehmen und darüber zu quittieren

12. den Nachlass bis zur amtlichen Feststellung der Erben in Besitz zu nehmen und zu verwalten;

13. den Vollmachtgeber gegenüber Gerichten zu vertreten sowie Prozesshandlungen aller Art vorzunehmen.

Im Bereich der gesundheitlichen Fürsorge und des Selbstbestimmungsrechts umfasst diese Vollmacht insbesondere folgende Maßnahmen:

1. die Aufenthaltsbestimmung, vor allem die Entscheidung über die Unterbringung in einem Pflegeheim oder Hospiz, in einer geschlossenen Anstalt, Aufnahme in ein Krankenhaus oder eine ähnliche Einrichtung;

2. eine Maßnahme nach § 1906 Abs. 1 BGB, eine Unterbringung, die zu meinem Wohl erforderlich ist, weil aufgrund einer psychischen Krankheit oder geistigen oder seelischen Behinderung die Gefahr besteht, dass ich mich selbst töte, oder

erhebliche Gefahr besteht, dass ich mir gesundheitlichen Schaden zufüge, oder eine Untersuchung meines Gesundheitszustandes, eine Heilbehandlung oder ein ärztlicher Eingriff notwendig ist, oder meine Unterbringung nicht durchgeführt werden kann und ich aufgrund einer psychischen Krankheit oder geistigen oder seelischen Behinderung die Notwendigkeit einer solchen Unterbringung nicht kennen oder nicht nach dieser Einsicht handeln kann;

3. eine Maßnahme nach § 1906 Abs. 4 BGB, durch die ich mich in einer Anstalt, einem Heim oder sonstigen Einrichtung aufhalte, ohne dort untergebracht zu sein, und mir die Freiheit über einen längeren Zeitraum oder regelmäßig durch mechanische Vorrichtungen, Medikamente oder auf andere Weise entzogen werden soll;

4. Maßnahmen nach § 1904 Abs. 1 BGB, also die Einwilligung in eine Untersuchung meines Gesundheitszustandes, eine Heilbehandlung oder einen ärztlichen Eingriff, wenn die begründete Gefahr besteht, dass ich aufgrund dieser Maßnahme versterben oder einen schweren und länger andauernden gesundheitlichen Schaden erleiden kann;

5. die Entscheidung über die Verabreichung von Medikamenten, die erhebliche unerwünschte Nebenwirkungen haben oder haben können;

6. die Entscheidung darüber, ob bei einem voraussichtlich länger andauernden Zustand der Bewusstlosigkeit (Wachkoma) eine künstliche Ernährung oder Flüssigkeitszufuhr eingeleitet oder abgebrochen wird;

7. die Entscheidung über einen Behandlungsabbruch oder die Einstellung lebenserhaltender oder lebensverlängernder Maßnahmen, wenn das Grundleiden mit ungünstiger Prognose irreversiblen Verlauf genommen hat und ich mich in einem Zustand befinde, in dem ein bewusstes und Umweltbezogenes Leben mit eigener Persönlichkeitsgestaltung nicht mehr möglich ist. Zu den lebenserhaltenden Maßnahmen gehören insbesondere künstliche Wasser- und Nahrungszufuhr, Sauerstoffzufuhr, künstliche Beatmung, Medikation, Bluttransfusion und Dialyse.

Er kann hierzu in die Krankenunterlagen einsehen und alle Auskünfte und Informationen von den behandelnden Ärzten und dem Krankenhaus verlangen; diese werden von der Schweigepflicht entbunden.

1. Die Entscheidung darüber, ob nach meinem Tod zu Transplantationszwecken Organe entnommen werden dürfen.

2. Die Kontrolle darüber, ob die Klinik, die Ärzte und das Pflegepersonal mir trotz meiner Bewusstlosigkeit oder Entscheidungsunfähigkeit eine angemessene ärztliche und pflegerische Betreuung zukommen lassen, die zugleich auch eine menschenwürdige Unterbringung umfasst. Die Kontrolle bezieht sich, auch auf eine Sterbebegleitung und die Leithilfe, die Ärzte und Pflegepersonal verpflichtet, Schmerz, Atemnot, unstillbaren Brechreiz, Erstickungsangst oder vergleichbar schweren Angstzuständen entgegenzuwirken, selbst wenn mit diesen palliativen Maßnahmen das Risiko einer Lebensverkürzung nicht ausgeschlossen werden kann.

3. Im Falle der Bestellung eines Betreuers oder Kontrollbetreuers seitens des Vormundschaftsgerichts gelten diese Anweisungen gleichzeitig auch für den Betreuer.

Die bevollmächtigte Person darf in meinem Namen auch bereits erteilte Einwilligungen zurücknehmen oder Einwilligungen verweigern, Krankenhausunterlagen einsehen und deren Herausgabe an Dritte bewilligen. Sollte das Vormundschaftsgericht eine Betreuung oder eine Kontrollbetreuung für erforderlich halten, möchte ich, dass hierzu bestimmt wird:

Frau

Stephanie Schmid

geb. 18.07.1950

Schmidstr. 4

79100 Freiburg

Die Vollmacht wird mit der Unterzeichnung durch mich wirksam und gilt nach außen uneingeschränkt. Im Innenverhältnis wird die Bevollmächtigte jedoch angewiesen, die Vollmacht nur nach meiner vorherigen Weisung zu gebrauchen. Die Vollmacht ist nur wirksam, soweit und solange die Bevollmächtigte bei einer Vornahme einer jeden Vertreterhandlung im unmittelbaren Besitz der Vollmachturkunde ist. Die Bevollmächtigte kann diese Vollmacht ganz oder teilweise auf andere übertragen und eine solche Übertragung widerrufen.

Von den Beschränkungen des § 181 BGB ist der Bevollmächtigte befreit.

Der Bevollmächtigte erhält neben seinem Auslagenersatz das folgende monatliche Entgelt: ... EUR

Die Vollmacht erlischt nicht, wenn der Vollmachtgeber geschäftsunfähig werden sollte; sie erlischt auch nicht durch den Tod des Vollmachtgebers. Zum Nachweis des Todes genügt die Vorlage einer Sterbeurkunde.

Die Vollmacht ist frei widerruflich.

Freiburg, den … ………………………………………

Unterschrift des Vollmachtgebers

…………………………………………

Unterschrift des Bevollmächtigten

…………………………………………

Zeuge (nicht zwingend notwendig)

Diese Vollmacht entspricht nach wie vor meinem Willen:

Freiburg, den ……….. ……………………………………………

Unterschrift des Vollmachtgebers

12.3 Vorsorgevollmacht mit wechselseitiger Einsetzung der Ehegatten

VOLLMACHT

Wir, die Ehegatten Anton und Andrea Amann

ernennen uns hiermit gegenseitig zu

Generalbevollmächtigten

unter Genehmigung aller bereits getätigten Handlungen und ermächtigen uns zur Besorgung aller geschäftliche Angelegenheiten die Firma Amann GmbH betreffend und aller persönlichen Angelegenheiten und Belange und der gesamten Vermögensangelegenheiten mit der Befugnis, alle Rechtsangelegenheiten vorzunehmen, bei welchen eine Stellvertretung gesetzlich zulässig ist.

Diese Vollmacht beinhaltet ausdrücklich auch:

.... (siehe Vollmacht Nr. 2)

Freiburg, den ...

....

Unterschrift der Ehefrau

....

Unterschrift des Ehemannes

12.4 Notarielle Vorsorgevollmacht und Auftrag

Heute, den 28. Mai 2005,

erschienen vor mir Dr. Prüfer, Notarin Freiburg,

in den Amtsräumen des Notariats Freiburg

Herr Moritz Meier, Diplom-Kaufmann,

Meierstr. 9, 79100 Freiburg, Zugewinngemeinschaft, geb. am 31.03.1941,

und seine Ehefrau Frau Susanne Müller, Diplom-Kauffrau,

Meierstr. 9, 79100 Freiburg, Zugewinngemeinschaft, geb. am 01.03.1949.

Die Beteiligten wiesen sich aus durch amtliche Reisepässe.

Auf Ersuchen der Erschienenen beurkunde ich gemäß den von mir persönlich abgegeben Erklärungen folgendes:

§ 1 Vollmachterteilung

Herr Moritz Meier, nachfolgend „der Vollmachtgeber" genannt

erteilt hiermit seiner Ehefrau, Frau Susanne Müller, nachfolgend „die Bevollmächtigte" genannt

GENERALVOLLMACHT

in allen persönlichen und vermögensrechtlichen Angelegenheiten, bei denen eine Stellvertretung gesetzlich zulässig ist, sowie in allen Geschäftsangelegenheiten, die die Firma Wasser OHG betreffen, umfassend zu vertreten.

Die Vollmacht berechtigt die Bevollmächtigte die Firma Wasser OHG auch nach meinem Tod fortzuführen.

Die Vollmacht soll auch insbesondere als Betreuungsvollmacht zur Vermeidung der Anordnung der Betreuung dienen und soll daher bei Eintritt der Geschäftsunfähigkeit des Vollmachtgebers ausdrücklich nicht erlöschen.

§ 2 Vollmachtumfang

Die Vollmacht soll eine Generalvollmacht sein und im Umfang unbeschränkt gelten. Zur Erläuterung der Bedeutung der Vollmacht sollen nachfolgend einige Angelegenheiten aufgezählt werden, die insbesondere von der Vollmacht erfasst sind, ohne dass durch sie eine Beschränkung der Vollmacht getroffen wird. Die nachfolgende Aufzählung ist nur Beispielhaft und nicht abschließend.

1. Vermögensangelegenheiten

Die Vollmacht umfasst insbesondere die Befugnis

a) alle Rechtshandlungen und Rechtsgeschäfte im Namen des Vollmachtgebers vorzunehmen,

b) über Vermögensgegenstände jeder Art zu verfügen,

c) Erklärungen aller Art abzugeben und entgegenzunehmen sowie Anträge zu stellen, abzuändern, zurückzunehmen,

d) Zahlungen und Wertgegenstände anzunehmen,

e) Verbindlichkeiten einzugehen,

f) den Vollmachtgeber vor Behörden, Dienststellen und Notariaten sowie Versicherungsgesellschaften aller Art im In- und Ausland umfassend zu vertreten,

g) Grundbesitz zu veräußern und zu erwerben, Grundpfandrechte einschließlich Zins und Nebenleistungen und sonstiger Rechte für beliebige Gläubiger und Berechtigte zu bestellen und die Eintragung im Grundbuch zu bewilligen und zu beantragen, dingliche Zwangsvollstreckungsunterwerfung auch nach § 800 ZPO zu erklären, die Löschung von allen dinglichen Rechten zu erklären und im Grundbuch zu bewilligen,

h) geschäftsähnliche Handlungen, wie z. B. Mahnungen, Fristsetzungen, Anträge und Mitteilungen abzugeben,

i) Darlehens- und sonstige Kreditverträge abzuschließen,

j) über Bankkonten und Depots sowie sonstiges Geldvermögen aller Art im Namen des Vollmachtgebers zu verfügen und Bankkonten und Depots zu eröffnen und aufzulösen,

k) den Vollmachtgeber gegenüber Gerichten zu vertreten sowie Prozesshandlungen aller Art vorzunehmen.

2. Persönliche Angelegenheiten

Der Bevollmächtigte ist weiterhin zu meiner Vertretung in allen persönlichen Angelegenheiten befugt. Insbesondere umfasst diese Vollmacht nachfolgende persönliche Angelegenheiten:

a) Ärztliche Maßnahmen

Die Vollmacht umfasst die Befugnis zur Einwilligung in ärztliche Maßnahmen, wie in eine Untersuchung des Gesundheitszustandes, eine Heilbehandlung oder einen ärztlichen Eingriff, auch dann, wenn die begründete Gefahr besteht, dass der Vollmachtgeber aufgrund der Maßnahme stirbt oder einen schweren und länger dauernden gesundheitlichen Schaden erleidet (§ 1904 BGB).

b) Unterbringung

Die Vollmacht berechtigt dazu, den Aufenthalt des Vollmachtgebers zu bestimmen. Die Vollmacht umfasst auch die Befugnis zu Unterbringungsmaßnahmen im Sinne des § 1906 BGB, insbesondere eine Unterbringung des Vollmachtgebers, die mit Freiheitsentziehung verbunden ist, die sonstige Unterbringung des Vollmachtgebers in einer Anstalt, einem Heim oder einer sonstigen Einrichtung oder die Vornahme von sonstigen

Freiheitsentziehungsmaßnahmen durch mechanische Vorrichtungen, Medikamente o. ä. über einen längeren Zeitraum.

c) Sonstiges

In allen Angelegenheiten ist der Bevollmächtigte befugt, meine Rechte gegenüber Ärzten, Krankenhäusern, Pflegeheimen usw. wahrzunehmen, alle nötigen Auskünfte und Informationen zu verlangen, Einsicht in meine Krankenakten zu nehmen und Entscheidungen über Untersuchungen, Heilbehandlungen und ärztliche Eingriffe zu treffen. Die Betroffenen werden dazu insoweit von ihrer Schweigepflicht entbunden.

§ 3 Untervollmacht und Befreiung von den Beschränkungen des § 181 BGB

1. Der Bevollmächtigte kann in Vermögensangelegenheiten Untervollmacht erteilen und dabei diese Vollmacht ganz oder teilweise auf Dritte übertragen. In den persönlichen Angelegenheiten ist die Vollmacht nicht übertragbar, Untervollmacht darf insoweit nicht erteilt werden.

2. Von den Beschränkungen des § 181 BGB ist der Bevollmächtigte in den Vermögensangelegenheiten befreit, so dass er befugt ist, Rechtsgeschäfte im Namen des Vollmachtgebers mit sich selbst oder als Vertreter eines Dritten vorzunehmen.

3. Die Vollmacht ist jederzeit widerruflich.

§ 4 Ersatzbevollmächtigte

Für den Fall, dass der Bevollmächtigte stirbt, ernenne ich aufschiebend bedingt durch den Tod des Bevollmächtigten als Ersatzbevollmächtigte meine Tochter Klara Kunze, geb. am 21.12.1965, Kunzenweg 7, 79100 Freiburg.

Die Ersatzbevollmächtigte hat dieselbe Rechtsstellung wie die Bevollmächtigte.

§ 5 Betreuungsverfügung und Grundverhältnis

1. Durch die vorstehende Vollmachterteilung soll die Bestellung eines Betreuers im Fall von Krankheit oder Gebrechlichkeit vermieden werden. Im Innenverhältnis, d. h. ohne Einfluss auf die Vollmacht im Außenverhältnis, soll von der Vollmacht erst dann Gebrauch gemacht werden, wenn der Vorsorgefall eintritt (Geschäftsunfähigkeit bzw. Betreuungsbedürftigkeit).

2. Für den Fall, dass die Bestellung eines Betreuers notwendig werden sollte, wünscht der Vollmachtgeber den Bevollmächtigten bzw. ersatzweise den Ersatzbevollmächtigten als seinen Betreuer. Wird ein Betreuer bestellt, soll die Vollmacht im Übrigen bestehen bleiben.

3. Im Innenverhältnis, d. h. ohne Einfluss auf die Vollmacht im Außenverhältnis, wird weiter vereinbart, dass der Bevollmächtigte verpflichtet ist, bei der Ausübung der Vorsorgevollmacht folgende Anweisungen zu beachten:

§ 6 Wirksamkeitsbedingungen und Kontrolle

Die Vollmacht wird mit dem Abschluss dieser Urkunde wirksam. Trotz Belehrung durch den Notar wünscht der Vollmachtgeber keine Wirksamkeitsbeschränkung in der Gestalt, dass die Vollmacht erst mit Eintritt der Betreuungsbedürftigkeit wirksam werden soll. Sollte eine der vorbezeichneten Bestimmungen unwirksam sein oder werden, so bleiben die übrigen Bestimmungen wirksam. Die Bestellung eines zweiten Bevollmächtigten oder einer sonstigen Kontrollperson wird ausdrücklich nicht gewünscht.

§ 7 Sonstiges

Von dieser Urkunde erhalten der Bevollmächtigte eine Ausfertigung und der Vollmachtgeber eine beglaubigte Abschrift. Auf Antrag sind dem Bevollmächtigten jederzeit weitere Ausfertigungen und beglaubigte Abschriften zu erteilen. Die Kosten dieser Urkunde trägt der Vollmachtgeber.

Die Niederschrift wurde den Erschienenen vorgelesen, von ihnen genehmigt und von ihnen und von der Notarin eigenhändig unterschrieben.

Freiburg, den … ……………………………………

Unterschrift des Vollmachtgebers

……………………………………

Unterschrift der Bevollmächtigten

…………………………………………… …… ……………………………………..

Unterschrift der Notarin Unterschrift des Ersatzbevollmächtigten

12.5 Vorsorgevollmacht nur für medizinische Bereiche

VOLLMACHT

Ich, Stephanie Schmid, bevollmächtige Frau Magda Müller, mich in allen Gesundheitsangelegenheiten und Angelegenheiten, die meine Pflege betreffen, zu vertreten und für mich Entscheidungen zu treffen, wenn ich selbst nicht mehr dazu in der Lage sein sollte.

Die Vollmacht berechtigt im weitest möglichen Umfang auch zu meiner Vertretung in allen persönlichen Angelegenheiten, insbesondere soweit sie meine Gesundheit oder Erkrankung oder meinen Aufenthalt und dessen Gestaltung betreffen, einschließlich freiheitseinschränkender Maßnahmen. Die Bevollmächtigte erhält von allen Ärzten, Behandelnden und sonst der Berufsverschwiegenheit verpflichteten Personen, die sich um mich bemühen, jegliche Auskünfte und kann beliebige Vereinbarungen mit Pflegediensten, Kliniken, Alten- oder Pflegeheimen abschließen, einseitige Erklärungen abgeben oder entgegennehmen und mich in Pflegegeld- oder Sozialhilfeverfahren vertreten.

Die Bevollmächtigte soll auch alle im Zusammenhang mit meiner Bestattung stehenden Entscheidungen treffen und durchführen.

Freiburg, den................ ....

Unterschrift

12.6 Vorsorgevollmacht mit Kontrollmechanismus und Doppelvollmacht

GENERALVOLLMACHT

von

Erwin Müller,

geb. am 25.07.1925

Müllerstr. 7

79100 Freiburg

Ohne Zwang und aus freiem Willen bevollmächtige ich

Herrn

Max Meier

geb. am 12.01.1955

Meierstr. 9

79100 Freiburg

und

Frau

Stephanie Schmid

geb. 18.07.1950

Schmidstr. 4

79100 Freiburg

soweit gesetzlich möglich, mich in allen persönlichen Angelegenheiten, auch soweit sie meine Gesundheit betreffen, sowie in allen Vermögens-, Steuer- und sonstigen Rechtsangelegenheiten in jeder denkbaren Richtung zu vertreten.

Die Vollmacht beinhaltet ausdrücklich auch

....(s. Muster Nr. 3)

Beide Bevollmächtigten sind im Außenverhältnis alleinvertretungsberechtigt, sollen sich im Innenverhältnis gleichwohl untereinander abstimmen. Die Bevollmächtigten sind zu wechselseitiger Kontrolle der Vollmachtausübung und zur Geltendmachung der Rechte aus dem Innenverhältnis berufen und verpflichtet. Der wechselseitige Widerruf der Vollmacht ist ausgeschlossen. Über die gegenseitige Kontrolle der Bevollmächtigten hinaus ist keine weitere Überwachung durch Dritte nötig. Sollte das Vormundschaftsgericht eine Vollmachtbetreuung für erforderlich halten, soll jeder Bevollmächtigte Vollmachtbetreuer für den jeweils anderen sein.

Freiburg, den ... .

Unterschrift des Vollmachtgebers

....

Unterschrift der Bevollmächtigten

....

Unterschrift des Bevollmächtigten

12.7 Transmortale Einzelvollmacht und Schenkung

VOLLMACHT

Ohne Zwang und aus freiem Willen bevollmächtige ich

Sabine Müller,

geb. am 21.06.1925

Müllerstr. 7

79100 Freiburg

die nachfolgend genannte Person

Frau

Susanne Meier

geb. am 02.11.1957

Meierstr. 9

79100 Freiburg

über mein Bankguthaben bei der B-Bank, gerade auch zu eigenen Gunsten, zu verfügen. Diese Vollmacht ist nicht auf Dritte übertragbar und soll auch nach meinem Tod fortbestehen.

Grundverhältnis:

Meiner Vollmachterteilung liegt zu meinen Lebzeiten mit der Bevollmächtigten als Begünstigten zugrunde. Die Bevollmächtigte wird insoweit beauftragt, diese Leibrente zu erfüllen.

Die Bevollmächtigte ist zu Verfügungen über das Bankguthaben zu meinen Lebzeiten wie folgt berechtigt: …

Nach meinem Versterben ist die Bevollmächtigte in ihrer Verfügungsbefugnis unbeschränkt. Bei dem dann noch auf dem Konto befindlichen Betrag handelt es sich um eine lebzeitige Schenkung, die mit meinem Versterben durch die Bevollmächtigte selbst zu erfüllen ist.

Freiburg, den … ………………………………………

Unterschrift der Vollmachtgeberin

………………………………………

Unterschrift der Bevollmächtigten

12.8 Postmortale Vollmacht

12.8.1 Variante 1:

VOLLMACHT

Ich, Susanne Schmid, bevollmächtige für den Fall meines Todes, also von diesem Zeitpunkt an in Kraft tretend, meinen Bevollmächtigten Stefan Schmid, über die aus meinem Geschäftshaus Kaiser-Joseph-Str. 3 in Freiburg jeweils fließenden Mieten und Pachten sowie über mein Konto, Nr. 123456789 bei der B-Bank in Freiburg zu verfügen und insbesondere einzuziehen.

Zum Todesnachweis genügt meine Sterbeurkunde.

Der Bevollmächtigte ist von den Beschränkungen des § 181 BGB befreit.

Er ist ausschließlich befugt, alle im Zusammenhang mit meinem Leichnam, meiner Bestattung stehenden Entscheidungen zu treffen und durchzuführen.

Freiburg, den ………….. ……………………………

Unterschrift

12.8.2 Variante 2: notarielle Form

Vor dem unterzeichnenden Notar

Herrn Tim Berger

mit Amtssitz in Freiburg

erschien heute

Herr Martin Müller, wohnhaft Müllerweg 7 in 79100 Freiburg, geb. am 21.10.1945

– dem Notar von Person bekannt –

und bat um Beurkundung einer

Vollmachturkunde

und erklärte zu notariellem Protokoll:

§ 1 Vollmachterteilung

Frau Ulrike Wegner wird hiermit Vollmacht erteilt, nach dem Tode von Herrn Martin Müller die Firma Bleistifte GmbH fortzuführen.

Zum Nachweis des Todes genügt die Vorlage einer Sterbeurkunde.

§ 2 Umfang der Vollmacht

Diese Vollmacht ermächtigt zu allen Arten von gerichtlichen und außergerichtlichen Rechtsgeschäften und Handlungen gegenüber Behörden und Privatpersonen, die der Betrieb eines Handelsgeschäfts mit sich bringt, mit Ausnahme der Veräußerung des Handelsgeschäfts als Ganzes oder wesentlicher Teile hiervon.

§ 3 Befreiung von den Beschränkungen des § 181 BGB

Die Vertreterin ist abweichend von § 181 BGB berechtigt, im Namen des Vertretenen mit sich im eigenen Namen oder als Vertreterin eines Dritten Rechtsgeschäfte vorzunehmen.

§ 4 Untervollmacht

Die Vertreterin ist berechtigt, Untervollmacht zu erteilen. Der Unterbevollmächtigte darf jedoch nicht von der Beschränkung des § 181 BGB befreit werden.

Diese Niederschrift wurde dem Erschienenen vorgelesen, von ihm genehmigt und von ihm und dem Notar wie folgt unterschrieben.

....

Unterschrift des Vollmachtgebers Unterschrift des Notars

12.9 Vollmacht für Alleinstehende/Lebensgefährten/Lebenspartner

VOLLMACHT

Ich, Maxi Müller, bevollmächtige meinen Lebensgefährten Lukas Lehmann,

1. nach meinem Tode die Firma Holzspielzeug GmbH fortzuführen.

   Diese Vollmacht ermächtigt zu allen Arten von gerichtlichen und außergerichtlichen Rechtsgeschäften und Handlungen gegenüber Behörden und Privatpersonen, die der Betrieb eines Handelsgeschäfts mit sich bringt, mit Ausnahme der Veräußerung des Handelsgeschäfts als Ganzem oder wesentlicher Teile hiervon. Der Vertreter ist von der Beschränkung des § 181 BGB befreit, und berechtigt,

2. für mich Post- oder Paketsendungen und andere Mitteilungen oder Zustellungen in Empfang zunehmen oder abzuholen;

3. Krankenunterlagen, Untersuchungs- oder Behandlungsergebnisse über mich einzusehen und entgegenzunehmen. Ich entbinde alle Ärzte, Behandelnde oder sonst zur Verschwiegenheit verpflichteten Personen und Einrichtungen von der Schweigepflicht ihm gegenüber,

4. meine Kinder, Maren, geb. am 12.09.1996, und Tim, geb. am 23. 01.1998, zu begleiten – und zwar auch ins Ausland – und während dieser Zeit für mich als elterlicher Sorgeberechtigter alle Entscheidungen für sie zu treffen und durchzuführen; Informationen und Behandlungs- oder Verfahrensergebnisse können ihm gegenüber bekannt gegeben werden.

Des Weiteren bevollmächtige ich meinen Lebensgefährten Lukas Lehmann, über mein Girokonto Nr. 123456789 bei der B-Bank in Freiburg in jeder Weise zu verfügen, Geld abzuheben, Daueraufträge und Abbuchungsermächtigungen zu widerrufen und Mitteilungen der Bank entgegenzunehmen.

Die Beschränkungen des § 181 BGB sind aufgehoben. Diese Vollmacht erlischt durch mein Ableben nicht.

Zum Nachweis des Todes genügt die Vorlage einer Sterbeurkunde.

Freiburg, den ………….. ……………………………………

Unterschrift

12.10 Postmortale Einzelvollmacht zur Grundstücksauflassung

VOLLMACHT

Ich, Martin Meier, bevollmächtige Frau Martina Meier das Grundstück ... auf sich selbst aufzulassen und alle in diesem Zusammenhang erforderlichen Erklärungen auch im Namen aller Erben abzugeben. Die Bevollmächtigte ist von der Beschränkung des § 181 BGB befreit. Die Vollmachterteilung erfolgt unwiderruflich.

Freiburg, den ... .

Unterschrift des Vollmachtgebers

....

Unterschrift des Bevollmächtigten

Notarielle Beurkundung

12.11 Widerruf einer transmortalen bzw. postmortalen Vollmacht

An

die B-Bank

Freiburg, den 25.05.2005

Widerruf einer Kontovollmacht **über Nachlasskonten**

Kontoinhaber Franz Fritz, Nr. 123456789

Sehr geehrte Damen und Herren,

als Testamentsvollstrecker des verstorbenen Herrn Franz Fritz widerrufe ich die zugunsten des Herrn Moritz Moser am 07.01.2003 erteilte Vollmacht über die Konten des Erblassers bei Ihnen.

Ich gehe davon aus, dass Sie den Widerruf beachten und etwaige Verfügungen des Herrn Moritz Moser nicht mehr ausführen. Das Testamentsvollstreckerzeugnis füge ich bei. Herr Moritz Moser wird ebenfalls mit heutiger Post vom Widerruf der ihm erteilten Vollmacht unterrichtet.

Rechtsanwalt

Anhang

1. Literatur zur Vertiefung

Brox Hans, Allgemeiner Teil des Bürgerlichen Gesetzbuchs, 28. Auflage 2004

Brox Hans, Handels- und Wertpapierrecht, 17. Auflage 2004

Canaris, Claus-Wilhelm, Handelsrecht, 24. Auflage 2005

Eidenmüller Horst, Ausländische Kapitalgesellschaften im deutschen Recht, 2004

Eisenhardt Ulrich, Gesellschaftsrecht, 11. Auflage 2003

Grunewald Barbara, Gesellschaftsrecht, 6. Auflage 2005

Jung Peter, Handelsrecht, 3. Auflage 2004

Kübler Friedrich, Gesellschaftsrecht, 6. Auflage 2004

Münchner Handbuch des Gesellschaftsrechts (mehrbändig)

Rudolf Michael/Bittler Jan, Vorsorgevollmacht, Betreuungsverfügung, Patientenverfügung, 2000

Schmidt Karsten, Gesellschaftsrecht, 4. Auflage 2002

Handelsrecht, 5. Auflage 1999

Winkler Matthias, Vorsorgeverfügungen, Vorsorgevollmacht, Betreuungsverfügung, Patiententestament, Organverfügung, 2003

Kommentare:

Baumbach Adolf/Hueck Alfred, GmbH-Gesetz, 17. Auflage 2000

Ebenroth Carsten Thomas/Boujong Karlheinz/Joost Detlev, Handelsgesetzbuchkommentar (zweibändig)

Hachenberg, Großkommentar zum GmbHG, 8. Auflage 1990 ff

Münchner Kommentar, Handelsgesetzbuch, 2. Auflage 2001

Röhricht Volker/Graf von Westphalen Friedrich, Kommentar zum HGB, 2. Auflage 2001

2. Stichwortverzeichnis

Der Autor

Alexander Schneider ist Rechtsanwalt in Freiburg mit den Schwerpunkten Wirtschafts- und Gesellschaftsrecht. Die Zulassung als Anwalt erfolgte im Jahre 1995.

Er arbeitete für vier Jahre in einer großen Insolvenzanwaltskanzlei in Freiburg bevor er sich 1999 mit den Kollegen Dr. Knackstedt und Hummel zur Sozietät zusammenschloss.

Seit mehreren Jahren ist Alexander Schneider gefragter Referent für das Thema „Kaufmännisches Recht“. Internationale Erfahrungen sammelte Alexander Schneider während seiner sechsmonatigen Mitarbeit in der deutsch-amerikanischen Handelskammer in Houston/Texas.

Als Zusatzqualifikation führt Alexander Schneider die Bezeichnung „Fachanwalt für Familienrecht“.

Printed by Printforce, the Netherlands